Basische Ernährung für Berufstätige

mit 150 schnellen, leckeren Rezepten und einer 7-Tage Detoxwoche

Sebastian Pussack

So gelingt eine gesunde und leckere basische Ernährung trotz stressigem Berufsalltag!

Auflage 2 überarbeitet
ISBN: 9789403617374

Inhalt

Einleitung

Liebe Leserin, lieber Leser, schön, dass Du Dich für diesen Ratgeber zur basischen Ernährung entschieden hast.

Kennst Du das auch, dass Dein Terminkalender komplett voll ist und sich auf Deinem Schreibtisch die Arbeit stapelt, während Du Dich selbst viel zu müde und kraftlos fühlst, um all die Herausforderungen zu meistern – und das trotz ausreichendem Schlaf? Hast Du schon einmal darüber nachgedacht, dass vielleicht Deine tägliche Ernährungsweise die Ursache dafür sein könnte?

Das eigene Essverhalten ist nämlich ein ganz entscheidender Punkt, wenn es darum geht, ob wir im Alltag gesund und leistungsfähig bleiben können. Damit der körpereigene Stoffwechsel alle seine wichtigen Aufgaben einwandfrei bewältigen kann, braucht es eine bestimmte Kalorienzufuhr und ebenso ausreichend Mikronährstoffe, also Vitamine, Spurenelemente und Mineralien. Ebenfalls sehr bedeutsam ist eine optimale Säure-Basen-Balance, also ein ausgewogenes Verhältnis zwischen Säure- und Basenbildnern in der täglichen Nahrung.

Eine basische Ernährung unterstützt Dich im wesentlichen Maße dabei, Deinen Körper von diversen Giftstoffen zu befreien und somit zu einem vitalen und gesunden Leben voller Energie zu finden. Zudem trägt eine basenreiche Ernährung zur Stärkung der körpereigenen Immunabwehrkräfte bei. Gerade im hektischen Berufsalltag kommen gesunde Ernährungsgewohnheiten oft viel zu kurz, doch die gute Nachricht ist, dass eine basische Ernährung auch für Berufstätige einwandfrei klappt. Das Frühstücks-Croissant vom Bäcker auf dem Weg zur Bushaltestelle, schnell noch ein Coffee-To-Go vor dem nächsten Meeting, ein schnell belegtes Brötchen für die Mittagspause und Fast Food wie Burger und Pizza zum Feierabend: Da gerät der Säure-Basen-Haushalt schnell aus dem Gleichgewicht und zurück bleibt trotzdem ein knurrender Magen.

Ungesundes Food mag zwar praktisch sein, doch eine solche Ernährungsweise tut Dir langfristig definitiv nicht gut, sie macht Dich träge und sorgt für Leistungstiefs, Konzentrations- und Gewichtsprobleme. Dein Körper wird im Laufe der Zeit im wahrsten Sinne des Wortes „sauer", denn all diese ungesunden Lebensmittel wie Kuchen, Süßigkeiten, Snacks, Döner und Fertiggerichte sind ausgezeichnete Säurebildner. Um den Körper wieder in Balance zu bringen, musst Du den Fokus auf basische Nahrungsmittel legen, also vor allem auf Früchte und Gemüse. Doch wie gesagt, gelingt auch eine gesunde und basenreiche Ernährung problemlos im turbulenten Berufs- und Familienalltag.

In diesem Ratgeber erfährst Du genau, wie sich eine Übersäuerung Deines Körpers bemerkbar macht und welche Folgen das langfristig nach sich ziehen kann.
Einige Organe müssen sogar einen sauren pH-Wert haben, um funktionsfähig und gesund zu sein: Hierzu gehören beispielsweise der Dickdarm oder die Scheidenflora. Andere Körperbereiche und Organe müssen hingegen basisch sein, so etwa der Dünndarm und das Bindegewebe.

Es gibt also eine ganz sensible Balance im Körperinneren zwischen den Säuren und den Basen und um dieses Gleichgewicht zu erzielen sowie langfristig aufrechtzuerhalten, musst Du nicht zu Arzneimittelpräparaten greifen. Vielmehr solltest Du auf eine Ernährungsumstellung mit vielen basenbildenden Foods setzen.

Entdecke auf den folgenden Seiten ein umfangreiches Basis-Wissen und viele hilfreiche Tipps, rund um das Basenfasten. Zudem erwarten Dich auch 150 leckere, alltagstaugliche und natürlich basische Rezepte für mehr Wohlbefinden und Vitalität!

Die basische Ernährung ist keine Diät, sondern vielmehr ein gesunder Lifestyle. Das Ziel ist es, Deinem Körper alle essenziellen Nähr- und

Vitalstoffe zuzuführen und auf diese Weise Dein Wohlbefinden, Deine Gesundheit und Deine mentale Performance zu fördern!

Noch ein kleiner Hinweis von mir und dem Verlag: Wir haben uns bewusst gegen den Farbdruck und auf den Einsatz von Bildern je Rezept entschieden. Denn wir möchten für Dich diesen umfangreichen Ratgeber mit der Anzahl von 150 Rezepten + 21 weitere Detox-Basenfasten-Rezepten zum attraktiven Preis anbieten.

Ich wünsche Dir nun viel Freude beim Lesen, Nachkochen und Genießen!

Was spricht für eine basische Ernährungsweise?

Unsere Ernährungsweise hat sich in den letzten Jahrtausenden stark verändert, unser körpereigener Stoffwechsel hingegen kaum. Aus diesem Grund führt die heutige, moderne Ernährung auch immer wieder zu diversen Beschwerden, Erkrankungen und einer deutlichen Übersäuerung des Organismus.
Unsere Vorfahren mussten sich in der Steinzeit das Essen noch mühsam zusammensuchen oder selbst erlegen. Sie lebten als Sammler und Jäger zum Teil von Fisch oder Fleisch, hauptsächlich aber von Nüssen, Samen, Wildgemüse und Beeren. Zwischendurch gab es immer wieder Zeiten, in denen kaum Nahrung zur Verfügung stand. Das führte wiederholt zu längeren Fastenperioden.

In den heutigen Industrieländern sind wir hingegen mit einem wahren Überangebot an Nahrungsmitteln konfrontiert: Wir essen viel zu viele tierische Produkte, Süßigkeiten und ungesunde Fertiggerichte voller Zusätze, Konservierungsstoffe und Aromen. Die Folge sind Zivilisationserkrankungen wie Diabetes, Herz-Kreislauf-Krankheiten und Übergewicht. Wir fühlen uns im Alltag immer müder und erschöpfter. Die Leistungs- und Konzentrationsfähigkeit sinken ab. Zunehmend kommt das Gefühl auf, all die anstehenden Herausforderungen und Aufgaben gar nicht mehr wirklich bewältigen zu können. Das macht uns vor allem im Berufsalltag massiv zu schaffen.

Unser Stoffwechsel wird durch unser ungesundes und einseitiges Essverhalten stark belastet. Der Säure-Basen-Haushalt gerät aus dem Gleichgewicht und es kommt zu einer chronischen Übersäuerung. In der Fachterminologie ist auch von der „latenten Azidose" die Rede: Sie gehört zu den am häufigsten übersehenen, gesundheitlichen Störungen, die langfristig nicht nur körperlich, sondern auch emotional zu einem hohen Stressfaktor werden kann.

Der große Unterschied zwischen der früheren Steinzeiternährung und der heutigen Ernährungsweise besteht darin, dass unterschiedlich viele basen- und säurebildende Nahrungsmittel enthalten sind. Unsere Urahnen nahmen durch reichlich Gemüse und Obst in der Regel einen Basenüberschuss zu sich und genau darauf ist der Körper-Stoffwechsel auch programmiert. Die moderne Ernährungsweise weist hingegen einen Säureüberschuss auf, doch wenn zu viele Säuren auf die biologischen, inneren Körpersysteme einströmen, kann es zu unterschiedlichen Gesundheitsproblemen kommen – von A wie Arthrose bis Z wie Zuckerkrankheit.

In Deinem Körper laufen sekündlich unzählige, hochkomplexe sowie biochemische Vorgänge ab. Fehlt dem Körper nun der basische Nachschub in Form von Mineralien, essenziell wichtigen Vitaminen und sonstigen bioaktiven Stoffen, dann verschiebt sich das Stoffwechselmilieu. Der Organismus beginnt in einem solchen Fall die vorhandenen Basenspeicher zu leeren – zum Beispiel aus den Knochen – um wieder eine ausgewogene Säure-Basen-Balance zu erzielen. Gleichzeitig lagert der Körper überschüssige Säuren im Gewebe ein und das sorgt für einen weiteren Anstieg des Stresspegels.

Wenn also Dein Säure-Basen-Haushalt aus dem Gleichgewicht gerät, funkt Dein Körper ein SOS-Signal – ganz egal, ob in Form von Antriebslosigkeit, Gereizt-Sein, Energie- und Vitalitätsverlust, Kopf-, Muskel- sowie Gelenkschmerzen oder in Form eines unreinen Hauterscheinungsbildes. Dann ist es höchste Zeit für Entlastung und eine Entsäuerung zu sorgen.

Es gibt viele gute Gründe, die für eine basische Ernährungsweise sprechen, so zum Beispiel:

- mehr Energie, Vitalität und Lebenslust
- gesundes Körpergewicht
- strahlend schönes und reines Hautbild
- bessere Leistungsfähigkeit
- weniger oxidativer Stress
- gute Laune und belastbare Nerven
- glänzendes, geschmeidiges und kraftvolles Haar
- starke Immunabwehrkräfte.

Eine basenreiche Ernährung ist zudem eine effektive Präventionsmaßnahme gegen viele Hautkrankheiten, aber auch gegen Rheuma, Gicht, Osteoporose, Herz-Kreislauf-Erkrankungen und sogar Krebs.

Der Stoffwechsel in Balance

Zweifelsohne, wir werden im Alltag regelmäßig zu ungesunden Essgewohnheiten verführt. Nahezu überall lauert ein unbegrenztes Angebot an Convenience-Produkten. So praktisch und köstlich sie auch manchmal sein mögen, dem Säure-Basen-Haushalt machen zu viele tierische und industriell hochverarbeitete Nahrungsmittel stark zu schaffen. Dabei ist die Balance von Basen und Säuren ein äußerst wichtiges Selbstregulationsziel Deines Körpers. Zahlreiche Körpervorgänge wie der Kreislauf, die Atmung, die Abwehrkräfte und auch die Verdauungsprozesse werden dadurch aufrechterhalten. Bei einem optimalen und ausbalancierten Stoffwechsel sind alle Körperzellen, Organe und das Gewebe bestens mit allen lebensnotwendigen Vitalstoffen versorgt. Auf diese Weise kann der Körper selbst bei hohen Stressbelastungen resistent bleiben.

Es braucht unbedingt ein ausgewogenes Gleichgewicht zwischen den aufgenommenen Basen und den Säuren (Homöostase), denn alle zentralen

Stoffwechselprozesse sind abhängig von einem idealen pH-Wert im Blut. Um diesen gewährleisten zu können, verfügt der menschliche Organismus über einen besonderen Regulationsmechanismus, nämlich den Säure-Basen-Haushalt: Sobald ein Basenmolekül auf ein Säuremolekül trifft, resultiert ein neutrales Salzmolekül das später ganz einfach aus dem Organismus wieder ausgeschieden wird und den Körperzellen somit nicht schaden kann. Basenbildende Nahrungsmittel sind somit sehr wichtige „Schutzschilder" für Deinen Körper. Sie schützen Dich vor den Folgen von zu sauren Einflüssen und schaffen die beste Grundlage für gesunde innere Funktionsabläufe.

Die Folgen eines gestörten Gleichgewichts

Ist das Säure-Basen-Gleichgewicht hingegen gestört, kommt es im Körperinneren zu Fehlfunktionen, die sich schnell bemerkbar machen. Du fühlst Dich angespannt, kraftlos und kaum belastbar. Wenn es Deinem Körper nun nicht selbstständig gelingt, den Säureüberschuss auszugleichen, kann es infolgedessen zu einer starken Beeinträchtigung diverser Stoffwechselabläufe kommen und diese Entwicklung kann wirklich fatale Folgen für den allgemeinen Gesundheitszustand haben. In einem solchen Fall ist der Austausch essenzieller Wirk- und Nährstoffe im Gewebe gestört und infolgedessen treten diverse Krankheiten auf. Eine zu säurehaltige Ernährungsweise, mangelnde Bewegung, übermäßiger Stress, die häufige Einnahme von Medikamenten und die Anreicherung diverser Umweltgifte im Organismus schaffen einen optimalen Nährboden für gefährliche Erkrankungen.

Eine basische Ernährungsweise zahlt sich für die Gesundheit definitiv aus

Basen sind wie ein wohltuender Balsam für den stark strapazierten Stoffwechsel und entfalten an vielen verschiedenen Stellen eine ausgleichende und lindernde Wirkung. In unserem Blut findet sich im Allgemeinen ein leicht basischer pH-Wert der zwischen 7,35 und 7,45 liegt. Diese Balance versucht der Organismus konstant aufrechtzuerhalten. Sobald die Säurebelastung auf ein zu hohes Level ansteigt, werden spezielle Puffersysteme aktiviert. Sie mobilisieren daraufhin basische Stoffe, die für eine Neutralisierung der überschüssigen Säuren sorgen. Das schützt Dich zum Beispiel vor Muskelschwund, Nierensteinen, Gicht, aber auch Cellulitis.

Besonders die Muskulatur und das Bindegewebe brauchen eine adäquate Basenversorgung. Bereits geringe sportliche Belastungen können nämlich zu einer Belastung der Muskeln und somit zu einer messbaren Ansäuerung in den Muskelfasern führen. Bei Ruhe dauert es dann bis zu einer halben Stunde, bis sich der pH-Wert wieder normalisiert hat. Eine basenreiche Ernährung kann das Muskelgewebe vor einem solchen Abfall des pH-Wertes effizient schützen.

Auch für das Bindegewebe sind Basen äußerst bedeutsam, denn wenn an einer bestimmten Stelle die zu hohe Säurelast nicht rasch genug wieder neutralisiert wird, verändert sich das Wasserbindungsvermögen. Es kommt somit zu einem Elastizitätsverlust. Somit schützen Basen das Bindegewebe vor einem Straffheitsverlust, aber auch vor schmerzhaften Verhärtungen. Demnach kannst Du zum Beispiel auch Cellulite oder Rückenschmerzen durch eine basenreiche Ernährung sehr wirksam mildern.

Selbst die Knochen profitieren maßgeblich von einer basischen Ernährung. Ein Abfall des pH-Wertes und somit ein Säureüberschuss sorgt für einen Abbau des Skelettsystems. Es kommt zur Kalziumfreisetzung aus den Knochen und letztlich zu einem deutlichen Kalziumverlust über den Urin. Eine ausreichende Kalzium- sowie Basenzufuhr über die täglichen Mahlzeiten kann dieses Defizit ausgleichen. So bietet eine basenreiche Kost langfristig einen wertvollen Schutz vor Osteoporose.

Der Säure-Basen-Haushalt des Körpers

Der menschliche Körper ist ein beeindruckendes Wunderwerk! Er ist mit sämtlichen Regulationssystemen ausgestattet, die alle für sich spezifische Aufgaben erfüllen. Dadurch ist er in der Lage, alles, was im Organismus passiert im Gleichgewicht zu halten und somit die Gesundheit zu erhalten. So gibt es beispielsweise Regulationssysteme wie den Temperaturhaushalt: Dieser sorgt dafür, dass der Körper konstant rund 37 Grad warm ist und das ist von zentraler Bedeutung, damit er ordnungsgemäß seinen internen Funktionen und Abläufen nachkommen kann.

Ein weiteres Regulationssystem ist der Wasserhaushalt, der dafür sorgt, dass selbst die kleinsten Bausteine – nämlich die Körperzellen – optimal versorgt sind und ausreichend Wasser erhalten: Das ist äußerst wichtig, damit diese ihre Arbeit verrichten können.

Ebenso ist der Säure-Basen-Haushalt ein extrem wichtiges körpereigenes Regulationssystem: Dieses hochintelligente System regelt die Balance zwischen den Säuren und den Basen im Inneren des Organismus und schützt somit den Körper vor einer Übersäuerung, aber auch vor einem Basenüberschuss.

Der pH-Wert ist die Messgröße, die angibt, ob der Organismus eher basisch oder eher sauer ist. Ist der pH-Wert sehr niedrig, dann ist das Milieu sehr säurehaltig. Wenn zahlreiche Basen im Körper vorhanden sind, steigt der pH-Wert deutlich an. Die Messwert-Skala reicht von 0 bis 14, wobei die Mitte, also die „7“ als neutraler Punkt gilt: Hier ist der Säure-Basen-Haushalt also im Gleichgewicht.

pH-Wertskala:

sauer | neutral | basisch

0 | 7 | 14

Wie gesagt, unterscheidet sich der pH-Wert, je nachdem in welchen Körperflüssigkeiten oder Organen er gemessen wird. In den Zellen und im Blut ist der Wert eher basisch. Der Magen ist ein besonders saures Milieu: Hier findet sich ein Wert zwischen 1,5 und 3. Dieser ist besonders wichtig, damit der Körper die Nahrung und vor allem die darin enthaltenen Proteine aufspalten kann. Auch die Haut besitzt einen sogenannten Säureschutzmantel und hat somit einen eher sauren pH-Wert.

Reichert sich ein Säureüberschuss im Körper an, kann das gesundheitsgefährdende Auswirkungen haben. So kann es zum Beispiel nicht nur zu Übergewicht oder anderen Krankheiten kommen, sondern ebenfalls zu depressiven Verstimmungen. Ein Säureüberschuss wird vor allem durch falsche Ernährungsgewohnheiten gefördert, also etwa durch reichlich Fleisch, Koffein, Alkohol, glutenhaltige, hefe- und zuckerreiche Nahrungsmittel. Aber auch die Luftverschmutzung oder ein Mikronährstoffmangel kann zu einer Übersäuerung führen.

Ein solcher Säureüberschuss entsteht vor allem dann, wenn der gesunde Säure-Basen-Haushalt aus dem Gleichgewicht gerät und über eine längere Zeitspanne nicht wieder ausgeglichen werden kann. Es wird also dann problematisch, wenn der Organismus den aus der Balance geratenen pH-Wert nicht mehr selbst kompensieren kann. Die Folge: unangenehme gesundheitliche Beschwerden.

Die gute Nachricht ist, dass Du mithilfe einer basischen Ernährung diesem Zustand wirksam entgegensteuern kannst und das auf eine ganz natürliche Art und Weise. Dabei musst Du nicht zu irgendwelchen Superfoods oder ausgefallenen Nahrungsmitteln greifen. Nein, Dein Körper kann bereits durch einfaches, pflanzliches Food wieder in Balance gebracht werden. Der

Körper des Menschen kann durch die täglichen Mahlzeiten bei der Entgiftung unterstützt werden. Wenn sich gewisse Säuren dann aber in einem bestimmten Übermaß angehäuft haben, braucht Dein Organismus tatkräftige Unterstützung von außen – eben durch eine basische Ernährung, denn allein schafft er es nicht.

Wie äußert sich eine Übersäuerung?

Es gibt verschiedene Anzeichen einer Übersäuerung, so etwa:

- Müdigkeit
- innere Unruhe
- Nervosität
- Unausgeglichenheit
- Gelenk- und Muskelschmerzen
- mangelnde Belastbarkeit
- mangelnde Konzentrationsleistung
- großer innerer Stress
- mangelnde Hautelastizität
- mangelnde Spannkraft des Bindegewebes
- Energieverlust & Leistungsabfall.

Ein unausgeglichener Säure-Basen-Zustand zeigt sich vor allem auch an der Haut und ebenso an den Haaren. Auch der Blutdruck steigt an und der gesamte Organismus wird anfälliger für Allergien, Infekte und Entzündungserkrankungen.

Ebenso gehören Schlafstörungen zu den Symptomen und Anzeichen einer Übersäuerung. Der ganze Körper ist kaum belastbar und ermüdet rasch. Kommen dann viele Stressbelastungen hinzu, beispielsweise ein stressiger Berufsalltag, ein übervoller Terminkalender und stetig wachsende berufliche Herausforderungen, verschlimmert sich dieser innere Zustand immer mehr. Auch Stimmungsschwankungen und ein hoher Blutzuckerspiegel sind eng mit einem unausgeglichenen Säure-Basen-Haushalt verbunden.

Ist der Blutzucker nicht in Balance, kommt es zu unerwünschten Heißhungerattacken. Wir greifen gezielt zu Süßigkeiten und kalorienreichen Snacks, die den Blutzucker in Sekundenschnelle in die Höhe treiben. Daraufhin schüttet die Bauchspeicheldrüse Insulin aus, um den Blutzucker wieder zu regulieren! Dieser fällt dann drastisch ab, was sich mit einem Leistungstief und erneuten Heißhungergefühlen bemerkbar macht: Ein echter Teufelskreis!

Was sind Säuren und Basen eigentlich?

Jeder von uns kann sich wohl etwas unter Säuren vorstellen, ganz egal ob es um die Säure aus Zitrusfrüchten oder um die Säure aus Äpfeln geht. Basen sind hingegen nicht jedem Menschen ein Begriff. Den Begriff „sauer" verbinden wir im Allgemeinen mit etwas Unangenehmem, im ernährungswissenschaftlichen Bereich wird der Begriff hingegen anders zugeordnet.

Die Geschmacksknospen unserer Zunge sind im Stande, saure Nahrungsmittelbestandteile ganz genau wahrzunehmen. Die Säure ist ein ganz spezifischer Reiz, der das Aroma eines bestimmten Lebensmittels oder eines Getränks bestimmt. Mit Deinen Geschmacksrezeptoren kannst Du zwischen fünf verschiedenen Eigenschaften differenzieren, nämlich zwischen „sauer", „salzig", „süß", „bitter" und „herzhaft" (Umami). Diese Geschmacksrichtungen prägen zudem nicht nur den Geschmack eines Nahrungsmittels, sondern auch den Geruch. So wird ein gewisses Maß an Säure als sehr ausgleichend und somit angenehm empfunden.

Sauer schmeckende Nahrungsmittel sind im Allgemeinen auf dem täglichen Speiseplan recht häufig vertreten, so zum Beispiel sauer eingelegtes Gemüse oder bestimmte Obstsorten wie etwa Zitrusfrüchte. Auch diverse Genussmittel wie Kaffee oder Wein können eine gewisse Säure enthalten. Nahrungsmittel mit einer sehr sauren Geschmacksnote empfinden wir hingegen als „reizend" und eher unangenehm: Denk nur mal an das Gefühl, wenn Du in eine Zitronen- oder Limettenscheibe beißt. Zu viel Säure kann sogar zu schmerzhaften Verätzungen im Mund- und Rachenraum führen. Unser natürlicher Geschmackssinn warnt uns aber zum Glück rechtzeitig, sodass Du Dich vor solchen Säuren schützen kannst. Säure ist aber auch wichtig für Deinen Körper – so zum Beispiel im Magen: Hier desinfiziert die Säure sozusagen den Nahrungsbrei und zerlegt ihn in einzelne Bestandteile.

Aus chemischem Blickwinkel betrachtet ist eine Base das Gegenteil einer Säure. Das bedeutet, dass Säuren Basen und Basen Säuren neutralisieren können. Basen haben im Vergleich zu Säuren aber keinen Eigengeschmack, an dem sie leicht zu identifizieren wären. Basen erfüllen im Körper aber sehr wichtige Aufgaben. So schützen Basen und basenbildende Nahrungsmittel vor einer Übersäuerung in den Gelenken, dem Körpergewebe sowie der Muskulatur.

Kann eine Übersäuerung mit Sodbrennen gleichgesetzt werden?

Diese Fragestellung kann eindeutig mit einem „Nein" beantwortet werden. Viele Menschen verwechseln eine Übersäuerung mit Sodbrennen, doch diese beiden Beschwerden können nicht miteinander gleichgesetzt werden.

Zahlreiche Beschwerden und Symptome im Körper sind auf eine Übersäuerung zurückzuführen, so eben auch das Sodbrennen. Die Übersäuerung ist also die eigentliche Ursache zahlreicher Erkrankungen und Beschwerden. Das Sodbrennen ist aber vor allem eines der vielen Symptome eines übersäuerten Körpers.

Wie Du nun schon erfahren hast, werden vor allem im Magen enorme Säuremengen hergestellt, doch in der Regel wirken sich diese nicht auf die allgemeine Säure-Basen-Bilanz des Organismus aus. Im Magen kann der pH-Wert auch mal auf 1,5 sinken, was ein sehr säurehaltiges Milieu bedeutet. Doch das ist nicht schädlich und löst auch kein Sodbrennen aus, im Gegenteil: Diese Säuren sind eine Grundvoraussetzung für eine gesunde Verdauung, denn in diesem sauren Milieu können schädliche Mikroorganismen aus der täglichen Nahrung abgetötet werden. Gleichzeitig werden Mikronährstoffe freigesetzt und für den Körper essenziell wichtige Spurenelemente wie zum Beispiel Mangan, Zink und Kupfer verfügbar gemacht. Ähnliches gilt für Mineralstoffe wie Magnesium oder Kalium sowie für Vitamine, die für einen gesunden Stoffwechsel grundlegend wichtig sind.

Sodbrennen entsteht also nicht durch das säurehaltige Milieu im Magen, sondern Sodbrennen ist eine Begleiterscheinung einer allgemeinen Übersäuerung des Körpers.

Alkalose und Azidose – bist Du eigentlich „sauer"?

Im Organismus braucht es ein ausgewogenes Säure-Basen-Verhältnis. Weder ein Säure- noch ein Basenüberschuss sind gesund für den Körper. Kommt es zu einem Säureüberschuss wird in der Medizin von der „Azidose" gesprochen: „acidum" ist ein aus der lateinischen Sprache stammender Begriff und wird ins Deutsche mit „Säure" übersetzt. Hier differenzieren Ärzte zwischen zwei wichtigen Formen der Übersäuerung:

1. **akute Azidose**
   Diese Form der Übersäuerung ist lebensbedrohlich und muss notfallmäßig ärztlich behandelt werden

2. **chronische Azidose**
   Das ist eine dauerhafte Form der Übersäuerung, die schleichend in den Körperzellen und Organen auftritt.

Reichert sich hingegen ein Basenüberschuss an, wird von der Alkalose gesprochen. Auch das ist eine Störung des Stoffwechsels und des gesamten Säure-Basen-Haushalts. In diesem Fall ist das Blut nicht zu sauer, sondern eben zu alkalisch. Ärzte sprechen in diesem Zusammenhang auch von der metabolischen Alkalose.

Zu einer solchen Alkalose kann es zum Beispiel durch langanhaltenden Durchfall oder Erbrechen kommen. Der Körper versucht infolgedessen durch eine verminderte Atmung und gleichzeitig eine vermehrte Bikarbonat-Ausscheidung wieder eine Balance herzustellen.
Eine akute Alkalose muss unbedingt stationär und fachmedizinisch behandelt werden, denn sie kann sonst lebensbedrohliche Folgen haben.

Die Ursachen einer Übersäuerung

Genetische Faktoren, eine falsche Ernährungsweise mit zu vielen Säurebildnern sowie diverse Erkrankungen können zu einer Störung des Säure-Basen-Gleichgewichts führen.

Eine Erschöpfung der körperinternen Basenspeicher kann sehr schleichend entstehen. So kann das zum Beispiel eine Folgeerscheinung von Erkrankungen wie Rheuma oder Diabetes sein. Auch einseitige Diäten spielen bei der Entstehung einer Übersäuerung eine zentrale Rolle. Bei solchen Abnehm- oder Fastenkuren entstehen im Zuge des Fettabbaus die sogenannten Keto-Säuren, die das Risiko einer Azidose erhöhen.

Wer zum Beispiel viele Zitrusfrüchte isst, riskiert damit keinesfalls eine Übersäuerung, im Gegenteil: Das saure Obst wirkt im Körperinneren durch die organischen Mineralstoffverbindungen – zum Beispiel durch das Magnesiumcitrat – sogar basisch. Wenn es zu einer Übersäuerung des Organismus kommt, dann liegt dem häufig ein Zusammenspiel mehrerer Faktoren zugrunde. Ein gesunder Mensch ist durchaus in der Lage, einen Säureüberschuss auszugleichen, sogar dann, wenn er sich einseitig ernährt.

Wenn die Basenspeicher aber über eine längere Zeitspanne hinweg nicht aufgefüllt werden können oder bestimmte Erkrankungen wie eben Gicht, Diabetes oder Rheuma die Säurebelastung steigern, dann kann das zu einem deutlichen Ungleichgewicht führen.

Auch Nierenerkrankungen wie etwa eine Niereninsuffizienz oder ein altersbedingtes Nachlassen der Nierenfunktionen können zu einer gestörten Säure-Basen-Balance führen. Ebenso kann die Einnahme bestimmter Arzneimittelpräparate zu einem unausgeglichenen Säure-Basen-Haushalt führen.

Die Ernährung spielt eine unglaublich große Rolle bei der Entstehung eines unausgeglichenen Säure-Basen-Haushalts. Häufig werden viel zu viele proteinhaltige Nahrungsmittel gegessen, doch gleichzeitig zu wenig basische. In eiweißreichen Lebensmitteln wie zum Beispiel Milch, Milchprodukten, Fleisch, Fisch, aber auch Backwaren und Brot finden sich die beiden schwefelhaltigen Aminosäuren „Methionin" und „Cystein", die vom Organismus „sauer" verstoffwechselt werden. Auch phosphathaltige Verbindungen wie sie zum Beispiel in Softdrinks, Fleisch und Wurstwaren zu finden sind, belasten den Säure-Basen-Haushalt negativ.

Salat, Früchte und Gemüse sind hingegen die einzigen basischen Nahrungsmittel: In ihnen stecken wertvolle Mineralstoffverbindungen wie zum Beispiel Magnesium-, Natrium-, Kalium- oder Kalziumcitrat, die für einen basischen Effekt sorgen. Im Schnitt bestehen lediglich 20 % unserer täglichen Ernährung aus basenbildenden Lebensmitteln und das ist eindeutig zu wenig, um eine gesunde Säure-Basen-Balance zu erzielen. Zudem kommt, dass wir uns oftmals viel zu wenig bewegen: Die damit verbundene verminderte Durchblutung der Muskulatur sorgt für einen Sauerstoffmangel und dadurch wird nur noch mehr Milchsäure gebildet.

Du findest in diesem Ratgeber noch eine Lebensmitteltabelle, die Dir genau zeigt, welche Nahrungsmittel als säurebildend und welche als basenbildend gelten. So hast Du die Möglichkeit, Dir einen ausgewogenen Speiseplan zusammenzustellen.

Im letzten Kapitel des Buches findest du eine umfangreiche Nahrungsmitteltabelle, die Dir die genauen PRAL-Werte auflistet. PRAL steht für „Potential Renal Acid Load" und liefert Dir eine Aussage darüber, wie genau der Körper einzelne Lebensmittel verstoffwechselt.

Die unterschiedlichen Stadien einer Azidose

Grundsätzlich werden fünf verschiedene Stadien der Azidose (Übersäuerung) unterschieden. Das ist leider der Grund, weshalb eine Übersäuerung nicht sofort bemerkt wird. In einem frühen Stadium, also bei einer leichten Übersäuerung, ist es noch besonders einfach gegenzulenken. Wenn das jedoch nicht passiert, kann es rasch in schlimmere Stadien übergehen. Aus diesem Grund ist es sehr wichtig, dass Du ein besonderes Augenmerk auf Deinen Säure-Basen-Haushalt legst.

In jedem Stadium der Übersäuerung kann Dir eine gesunde und ausgewogene Ernährungsweise dabei helfen, positive Resultate zu erzielen. Es ist also nicht so, dass eine Azidose nicht wieder „beseitigt", also umgekehrt werden kann.

Der ideale Zustand

Hier gibt es ein ausgewogenes Gleichgewicht im Säure-Basen-Haushalt und es liegt noch keine Azidose vor. Somit ist der Körper in jeglicher Hinsicht ausgeglichen. Die Puffersysteme reichen vollkommen aus, um Säuren zu neutralisieren und überschüssige Säuern wieder aus dem Körper zu leiten. Im Idealzustand sind die Stoffwechselprozesse im optimalen Gleichgewicht und der Körper kann ordnungsgemäß seinen Aufgaben und Funktionsabläufen nachgehen.

Stadium 1 – die latente Übersäuerung des Organismus

In diesem Stadium liegt eine leichte Übersäuerung vor. Die Säure kann der Körper aber noch dank basischer Mineralien gut selbst neutralisieren. Neutralisierte Säuren werden schließlich zu Salzen, die der Körper dann im Bindegewebe einlagert: Das kann sich aber bereits durch erste unangenehme Begleiterscheinungen wie zum Beispiel Kopfschmerzen, Sodbrennen, Verdauungsbeschwerden oder Müdigkeit bemerkbar machen. Diese Beschwerden sind zwar recht harmlos, können jedoch die körpereigenen Puffersysteme deutlich beanspruchen.

Der Schätzung von Medizinern zufolge sind rund 80 Prozent der ganzen Bürgerinnen und Bürger von einer solch latenten Übersäuerung betroffen. Die Ursache dafür liegt meistens in sehr einseitigen und ungesunden Ernährungsgewohnheiten.

Der Weg zurück zum Idealzustand ist jedoch mithilfe kleiner Veränderungen zu erreichen.

Stadium 2 – akute Übersäuerung

Hier können diese Symptome und Begleiterscheinungen schon etwas deutlicher ausfallen und der Organismus wird in seiner Leistungsfähigkeit mehr und mehr geschwächt. Insbesondere die Stoffwechselprozesse arbeiten nicht mehr einwandfrei. Der Körper ist bemüht, Giftstoffe und Salze über den Darm und die Nieren wieder herauszuleiten: Das kann sich häufig durch Symptome wie Erbrechen oder Durchfall bemerkbar machen. Diese Begleiterscheinungen deuten darauf hin, dass der Körper durch eigene Kräfte versucht, sich zu entgiften und von Schadstoffen sowie übermäßigen Säuren zu befreien.

Im zweiten Stadium ist der Organismus schon deutlich Infekt anfälliger. Diverse Entzündungen, Grippeerkrankungen und Erkältungskrankheiten mit Fieber deuten darauf hin, dass sich der Organismus zu reinigen versucht. Diese Krankheiten und Beschwerden treten aber nur vorübergehend auf: Aus diesem Grund wird das zweite Stadium als „vorübergehende Übersäuerung“ bezeichnet. Auch hier können die körpereigenen Puffersysteme noch einiges ausrichten und wieder ein Gleichgewicht in den Säure-Basen-Haushalt bringen, auch wenn das deutlich mehr Mühe und Zeit in Anspruch nimmt.

In diesem Stadium sind basenbildende Nahrungsmittel und Mineralien besonders wichtig, da sich sonst immer mehr Schlacken anreichern. Infolgedessen kommt es immer wieder zu neuen Infekten und Erkrankungen.

Dieser Entgiftungsprozess kostet den Organismus unheimlich viel Kraft und schwächt die Immunabwehrkräfte. Auch für die Psyche kann dieses Stadium bereits eine deutliche Belastung sein, denn ständiges Krank- und Unwohlsein zerrt einfach an den Kräften. In einem solchen Fall müssen die täglichen Ernährungsgewohnheiten dringend verändert werden, um die Gesundheit des Körpers und die Säure-Basen-Balance wiederherzustellen.

Stadium 3 – die chronische Übersäuerung

Wenn die ungute und ungesunde Situation aus dem zweiten Stadium über Jahre hinweg andauert, dann wird aus einer latenten Übersäuerung eine chronische Azidose. Bedauerlicherweise ignorieren sehr viele Menschen selbst in diesem Stadium noch die Warnsignale ihres Körpers. Hier reichen die körpereigenen Puffersysteme in der Regel nicht mehr aus, um wieder ein gesundes Säure-Basen-Gleichgewicht herzustellen.

Stadium 4 – die lokale Übersäuerung

In diesem Stadium ist der Organismus schon deutlich übersäuert und kann die überschüssige Säure gar nicht mehr ausgleichen. Es kommt zu sämtlichen Ablagerungen und internen Entzündungsprozessen. Auch das Blut kann von der ungesunden pH-Wertverschiebung in diesem Stadium betroffen sein. Säuren haben im Allgemeinen eine dickere Konsistenz und infolgedessen wird auch das Blut dickflüssiger und zäher. Das führt dann schließlich dazu, dass die gesamte Durchblutung beeinträchtigt wird.

Es kann in einem solchen Fall zu gefährlichen Folgen für das Herz und das Gehirn kommen. Das Herz braucht deutlich mehr Kraft, um die Leistung zu erbringen und das Blut durch den gesamten Körper zu pumpen. Die überschüssige Säure beeinträchtigt auch die roten Blutkörperchen und kann im schlimmsten Fall bis zu einem Blutfluss-Stopp führen: Infolgedessen kann es zu Krankheiten wie Schlaganfall und Herzinfarkt kommen.

Wenn es zu solchen gefährlichen Beschwerden und Symptomen kommt, bekommen Patienten in diesem Akutstadium meistens intravenös Natriumbikarbonat verabreicht, eine basische Lösung! Auf diese Weise wird der pH-Wert des Blutes wieder auf einen gesunden Mittelwert von ungefähr 7 gebracht; der Körper wird wieder gut durchblutet.

Stadium 5 – der sogenannte „Säure-Tod"

In diesem Stadium sind die Körperorgane durch den Säureüberschuss nicht nur belastet, sondern massiv überlastet! Im schlimmsten Fall kann es hier zu einem Versagen einzelner Organe kommen. Die Säure dringt ungehindert in die Körperzellen ein und sorgt dort für den Zelltod. Nierenversagen, Herzinfarkte oder Schlaganfälle mit tödlichen Folgen können die Konsequenz sein. Hier ist ein unverzügliches Handeln von größter Bedeutung und selbstverständlich die Inanspruchnahme akutmedizinischer Hilfe!

Die gesundheitlichen Konsequenzen der Azidose im Überblick

Ist das Säure-Basen-Gleichgewicht also maßgeblich gestört ist, entwickelt sich daraus eine chronische Übersäuerung, eine Azidose. Die körpereigenen Puffersysteme zur Ausgleichung des Säureüberschusses wie zum Beispiel die Nieren, die Knochen, das Bindegewebe oder die Haut, erschöpfen sich allmählich. Es kommt zu körperinternen Veränderungen, die aber durch eine hohe Basenzufuhr meistens gelindert oder sogar vollständig beseitigt werden können.

Wenn nicht gegengelenkt wird, kann eine chronische Übersäuerung folgende Folgen nach sich ziehen:

- ***Herzrasen und Herzbeschwerden durch Azidose***

  Wenn der pH-Wert im Blut absinkt und kommt es zu einem Sauerstoffmangel. Daraus ergeben sich wiederum eine Atemnot, ein Anstieg der Herzfrequenz und letztlich auch ein Anstieg des Blutdruckwertes. Diese Erscheinungen nehmen die betroffenen Personen als Herzrasen wahr. An dieser Stelle muss aber gesagt werden, dass hinter einem Blutdruckanstieg oder einer beschleunigten Herzfrequenz (Tachykardie) auch andere Gründe stecken können als ein unausgeglichener Säure-Basen-Haushalt.
  In einem solchen Fall muss immer mit einem Arzt Rücksprache gehalten werden.

- ***Anhaltende Kraftlosigkeit und Müdigkeit***

  Eine ungesunde und falsche Ernährungsweise, ein ungesunder Lifestyle oder auch die Einnahme bestimmter starker Medikamente führen zu einem dauerhaften Säureanstieg in und auch außerhalb der Zellen. Somit sind die Zellfunktion, die Zellversorgung und auch die Zellentgiftung stark eingeschränkt. Diese starke Belastung auf Zellebene kann zu vielen komplexen und unklaren Begleiterscheinungen führen: Ein zentrales Element davon ist die chronische Erschöpfung, Müdigkeit und Kraftlosigkeit. Diese Müdigkeit ist mehr ein Ausdruck eines deutlichen Energiemangels. Die Müdigkeit kann auch noch in Kombination mit anderen Symptomen auftreten, so etwa mit Muskelschmerzen, Gliederschmerzen, Verdauungsbeschwerden, depressiven Verstimmungen oder Schlafstörungen.

Weniger Stress, mehr Bewegung im Alltag, ein gesunder Schlafrhythmus, eine adäquate Flüssigkeitsversorgung und vor allem eine basische Ernährung schaffen aber schnell Abhilfe.

❖ ***Hautprobleme, Cellulitis, Besenreiser & Bindegewebsschwäche***

Wenn im Körper dauerhaft zu viele Säure anfällt, die aufgrund eines Basen-Mangels nicht mehr ausgeschieden werden kann, kommt es zu Veränderungen der Wasserbindung im Bindegewebe. Die Folge ist eine Funktionseinschränkung sowie eine Strukturveränderung. Insbesondere bei Frauen zeigen sich diese Effekte an den Oberschenkeln und am Po in Form von sogenannter Orangenhaut, Cellulitis.

Auch an der Haut kann sich eine Übersäuerung deutlich zeigen. Die Haut ist das größte Organ des Menschen und sozusagen der Spiegel der inneren Gesundheit. Ist die Haut rau, schlaff, trocken, gerötet oder von Unreinheiten betroffen, dann deutet das auf eine gestörte Hautbalance und möglicherweise auch auf eine Übersäuerung hin. Ein beginnender Säureüberschuss zeigt sich aber ebenfalls an den Haaren sowie den Nägeln.
Auch Akne kann durch eine Übersäuerung des Bindegewebes entstehen, denn durch die überschüssigen Säuren kommt es zu einer Verstärkung der Hornschicht. Der reguläre Talgabfluss ist behindert und es kommt infolgedessen zu Entzündungsreaktionen. Pickel und Unreinheiten stehen häufig in einem engen Zusammenhang mit einer Azidose.

Auch Neurodermitis wird eng mit einer Übersäuerung verbunden. Entzündungen, Störungen in der Immunabwehr und psychische Belastungen können zu einer gesteigerten Säureanreicherung führen, die der Körper dann über die Haut ausscheiden muss. Ebenso kann glanzloses, strohiges und fettiges Haar die Folge einer Azidose sein. Das Haar wird schuppig und spröde. Auch die Nägel werden brüchig und trocken. Eine wertvolle Maßnahme ist eine Umstellung der eigenen Ernährungsgewohnheiten auf eine basische Kost!

- ***Abbau wertvoller Muskelmasse***

Im Allgemeinen können die Nieren einen entstehenden Säureüberschuss problemlos neutralisieren und aus dem Körper ausleiten. Dafür werden Ammoniumionen über den Urin ausgeschieden. Der Körper verliert also Ammoniak, der durch den Abbau von bestimmten Aminosäuren (vor allem Glutamin) produziert wird. Der Abbau von Aminosäuren im Körper führt aber letztlich immer zu einem Verlust von wertvoller Muskelmasse.

- ***Rheumatische Beschwerden, Schmerzen & Gelenkbeschwerden***

Die körpereigenen Schmerzrezeptoren reagieren sehr empfindlich und sensibel auf eine Übersäuerung. Selbst kleinste Reize können zur Auslösung von Schmerzen führen. Chronische Erkrankungen des Bindegewebes wie zum Beispiel die rheumatoide Arthritis gehen meist mit körperinternen Entzündungsprozessen einher: Diese setzen in den Gelenken vermehrt Säuren frei. Liegt nun eine mangelhafte Versorgung mit Basen vor, reagieren die Gelenke noch schmerzempfindlicher.

Aus diesem Grund ist eine adäquate Basenzufuhr vor allem bei Bindegewebserkrankungen von zentraler Bedeutung. Es konnte sich im Rahmen medizinischer Studien beispielswiese zeigen, dass

Patienten mit chronischen Rückenschmerzen deutlich von einer gezielten Basenzufuhr profitieren konnten.

- ***Abnahme der Knochendichte***

Bereits eine leichte Übersäuerung kann zu einem Ungleichgewicht beim Knochenaufbau und -abbau führen: Infolgedessen kann es durch eine erhöhte Säurebelastung zu Osteoporose Erkrankungen kommen.

Je stärker die Übersäuerung ist, desto mehr Knochensubstanz wird abgebaut. Zu einer Osteoporose-Prävention gehört daher unbedingt die Vermeidung einer Übersäuerung im Organismus. Auch bei einer bereits bestehenden Osteoporose-Erkrankung lässt sich durch eine hohe Zufuhr an Basen eine Verbesserung der Knochendichte erzielen.

- ***Gicht***

Eine zu hohe Harnsäurekonzentration im Blut führt zur Entstehung von Gichterkrankungen: Es kommt zu Durchblutungsstörungen, vor allem in den Zehengelenken. Erhöht sich der Säureüberschuss im Körper immer mehr, kann es zu einer sogenannten Auskristallisierung der Harnsäure kommen, die zu den Gicht-typischen Schmerzen führt.

Erfolgreich abnehmen mit einer basischen Ernährung

Wer gegen ein zu hohes Körpergewicht kämpft, kann durch eine basenreiche Kost, den überschüssigen Kilos sehr erfolgreich entgegenzutreten.

Das Basenfasten ist eine ideale Methode, um erfolgreich und vor allem nachhaltig ein zu hohes Gewicht zu senken. Besonders wichtig ist in diesem Zusammenhang das 80/20-Prinzip. Je nachdem, wie viel Gewicht Du reduzieren möchtest, solltest Du das Basenfasten eine, zwei oder sogar vier Wochen durchführen. Beim 80/20-Prinzip sollte die tägliche Ernährung aus 80 % basenbildenden sowie neutralen und aus 20 % säurebildenden Nahrungsmitteln bestehen. Der Ernährungsplan weist also einen Basenüberschuss auf.

Das Abnehmen mit der Basischen Ernährung gelingt sehr gut, denn es kommen hauptsächlich frische Früchte, Gemüse, Pilze, Kartoffeln, Keimlinge und Kräuter auf den Tisch. Die herkömmlichen Dickmacher wie Fast Food, Kuchen, zuckerreiche Snacks, Limonaden und Alkohol sind hingegen tabu. Im Allgemeinen bewegt sich die tägliche Kalorienzufuhr zwischen 1200 sowie 1600 Kalorien: Somit werden weniger Kalorien aufgenommen als verbrannt und das ist die Erfolgsformel für ein gesundes Abnehmen.

Ebenso spielt die Nahrungsmittelqualität eine große Rolle. Im Rahmen der basischen Ernährung kommen hochwertige Produkte zum Einsatz, die reichlich Vitamine, Spurenelemente, Mineralstoffe, Ballaststoffe sowie sekundäre Pflanzenstoffe enthalten. Das Abnehmen mit einer basenbasierten Kost ist also sehr nährstoffreich und beruht auf „guten Kalorien“.

Natürlich gibt es auch basische Nahrungsmittel, die mit einem höheren Kaloriengehalt punkten, so zum Beispiel Nüsse oder wertvolle Pflanzenöle, doch auch diese Lebensmittel sind äußerst wertvoll und liefern Deinem Körper wertvolle Inhaltsstoffe, die er für einen gesunden Stoffwechsel und somit für eine leistungsstarke Fettverbrennung braucht.

Das Abnehmen mit einer basenreichen Kost gelingt zum einen durch die reduzierte Kalorienzufuhr und zum anderen durch die stärkere Zufuhr von darmaktivierenden und stoffwechselanregenden Nährstoffen.

Wie viel Gewicht reduziert werden kann, hängt nicht nur von der Art der Ernährung ab, sondern auch von anderen Faktoren wie zum Beispiel dem Lebensalter, dem Geschlecht sowie dem allgemeinen Gesundheitszustand. So nehmen Menschen im höheren Lebensalter erfahrungsgemäß etwas langsamer ab, weil die Stoffwechselprozesse nicht mehr ganz so aktiv sind wie in jüngeren Jahren. Eine Umstellung der Ernährungsgewohnheiten auf eine basische Kost ist aber nicht nur für eine Gewichtsabnahme sehr wichtig, sondern fördert generell den allgemeinen Gesundheitszustand, das Wohlbefinden und die eigene Fitness.

Wenn es um eine erfolgreiche und nachhaltige Gewichtsreduktion geht, ist es sehr wichtig, „Figur-Feinde" im Alltag zu erkennen, und schlechte Ernährungsgewohnheiten, die sich über die Jahre eingeschlichen haben aufzudecken. Dabei kann Dir ein Abnehm-Tagebuch helfen: Schreibe während Deiner Basen-Abnehmkur genau auf, was Du trinkst und isst. So kannst Du später ganz einfach nachvollziehen, wo Du im Alltag unter Umständen eine gesündere Entscheidung hättest treffen können.

Natürlich haben die allgemein bekannten „Abnehm-Empfehlungen" auch bei der Gewichtsreduktion mit einer Basenkost Gültigkeit. Das heißt, dass Du auf die Portionsgröße und auch den Mahlzeitenrhythmus achten solltest.

Ebenso solltest Du nie aus Frust oder Langeweile essen oder um sonstige Emotionszustände zu kompensieren. Nimm Dir bewusst Zeit für Dein Essen

und genieße alles mit viel Achtsamkeit. Greife zu den richtigen, überwiegend basenbildenden Nahrungsmitteln und verzichte auf ungesunde Snacks zwischen den Mahlzeiten. Ebenso solltest Du beim Abnehmen darauf achten, dass Du gesund und vor allem kalorienfrei trinkst. Reduziere soweit es nur möglich ist Deinen Stresslevel und bringe Entspannung in Deinen Alltag: Das senkt die Ausschüttung des Hormons Cortisol und unterstützt Dich ebenfalls bei Deiner Gewichtsreduktion.
Last but not least: Auch ein gesunder und erholsamer Nachtschlaf ist unverzichtbar, damit sich Dein Körper optimal regenerieren kann.

Wenn Du diese Tipps beherzigst, wirst Du schnell merken, wie gut eine basische Ernährung Deiner Figur und generell Deinem gesamten Körper tut.

Basische Ernährung im Berufsalltag – für mehr Leistung & Energie

Hast Du einen stressigen Berufsalltag und ein Termin jagt den nächsten? Bleibt im hektischen Alltag kaum Zeit für einen stabilen Lifestyle und eine gesunde Ernährung? Mach Dir keine Sorgen: Mit ein wenig Planung und einigen ganz einfachen Tricks wird Dir genau das im Handumdrehen gelingen.

Struktur, Planung und Organisation – das ist im Grunde genau das, was Du täglich in Deinem Job leistest und was Du auch für die Umsetzung einer gesunden basischen Ernährung brauchst. Du bringst die idealen Voraussetzungen also schon mit. Du denkst, dass es viel zu kompliziert und aufwendig ist, ständig frisch zu kochen und die Mahlzeiten für den nächsten Tag vorzubereiten? Lass Dich einfach nur darauf ein und Du wirst feststellen, dass ein gut organisierter Alltag Dir sogar zusätzliche Freiräume schafft. Eine basische Ernährung ist gesund, lecker und herrlich unkompliziert. Du kannst sie problemlos in Deinen Alltag integrieren und in den nächsten Kapiteln erfährst Du Schritt für Schritt, was Du bei Deiner Umsetzung beachten musst.

Basisch, gesund & lecker im Job – Meal-Prep

Wenn Du an Deinem Arbeitsplatz keine Möglichkeit zum Kochen hast – was bei den allermeisten Menschen der Fall ist – dann kannst Du die Mahlzeiten ganz einfach am Vortag zubereiten. Das Planen, Vorkochen und Abfüllen ist nicht nur ganz einfach umsetzbar, sondern auch grundlegend wichtig für einen schlanken und gesunden Körper. Du brauchst eine cleane, frische und vor allem individuelle basische Ernährung, denn so kannst Du ganz allein bestimmen, was Du isst und welche Zutaten in Deinen Mahlzeiten stecken.

Vor allem im hektischen Berufsalltag scheitern unsere guten Vorsätze und Pläne genau an der ungesunden Ernährung, nämlich am Bäcker, am Imbiss oder am ungesunden Kantinenessen. Dann runden Fast-Food und Fertiggerichte den stressigen und vollgeladenen Tag auch noch ab und et voilà: Perfekt ist der Nährboden für einen übersäuerten, müden und kraftlosen Körper.

Du siehst also, wie wichtig es ist, die Kontrolle über Deine täglichen Mahlzeiten zurückzugewinnen, denn selbst und frisch kochen macht einfach auch jede Menge Spaß! Du entscheidest, was in Dein Essen kommt und kannst Dich bewusst distanzieren von ungesunden Konservierungsstoffen, Geschmacksverstärkern, künstlichen Aromen oder übermäßig Salz und Zucker! Basisch, ausgewogen, vollwertig: Du wirst sehen, wie schnell eine solche Ernährungsweise positive Resultate zeigt.

Vor allem, wenn Du in Deinem Beruf viel unterwegs bist, hast Du im Allgemeinen keine Küche zur Verfügung, also keine Gelegenheit, Dir gesunde und basische Gerichte zuzubereiten. Hier kommt Meal-Prep ins Spiel, also die Mahlzeitenvorbereitung. Mit diesem tollen Food-Trend haben jetzt alle gesunden Ausreden Feierabend. Du tust Deinem Körper damit etwas richtig Gutes und Deinem Geist ebenso, denn wenn wir gesund sind und uns wohlfühlen, sind wir auch glücklich und können maximale Leistung bringen. Also ideal für Deinen Erfolg im Job und für Dein Wohlbefinden.

Du kannst am Abend zum Beispiel Deine Mahlzeiten für die nächsten zwei Tage vorbereiten und in Meal-Prep Behälter wie Tupperdosen und Gläschen füllen. Diese lagerst Du ganz normal im Kühlschrank und kannst sie bequem mit zur Arbeit nehmen. Das basische Food aus der Lunch-Box spart Dir zum einen viel Zeit, Geld und auch Nerven. Zum anderen lebst Du auf diese Weise gesünder, nachhaltiger und einfach frischer. Das Ergebnis ist, dass Du viel mehr Freude an einem gesunden Lifestyle hast, schlanker wirst und letztlich auch leistungsfähiger und erfolgreicher.

Mit einer basischen Ernährung steigerst Du also in wesentlichem Maß Deine Effizienz: Du bist körperlich fitter und auch die mentale Leistung wird optimiert. So arbeitest Du deutlich motivierter, bist kreativer und wesentlich produktiver.

Gib Dir Zeit, um für Dich einen guten Umsetzungsweg mit dem Vorbereiten der Mahlzeiten zu finden. Es ist wichtig, dass Du in deinen ganz eigenen Rhythmus kommst, auch was das Einkaufen und vor allem das Vorbereiten betrifft. Nur so kannst Du Dir die Freude daran bewahren und mit Spaß selbst die Mahlzeiten zubereiten.

Basische Ernährung am Arbeitsplatz & unterwegs auf Reisen

Wer beruflich oft viel unterwegs ist, übernachtet häufig in Hotels und isst auswärts in Restaurants. Doch auch in diesen Fällen kannst Du Dich ausgewogen, gesund und basisch ernähren. Die meisten Hotels bieten ein reichhaltiges und frisches Obst- und Gemüsebuffet an. Du kannst Dir einen gesunden Fruchtsalat selbst zusammenmischen und mit basischen Getränken in den Tag starten.

Ebenso findest Du an Frühstücksbuffets viele Nüsse und Kerne wie etwa Walnüsse, Leinsamen, Sonnenblumen- und Kürbiskerne. Auch Trockenfrüchte darfst Du gerne in Dein Müsli mischen.
Vorsichtshalber kannst Du auf Dienstreisen gerne Deinen eigenen Tee mitnehmen, denn die meisten Hotels haben nur Schwarztee, Grüntee oder aromatisierte Teesorten.

Wenn sich zwischendurch am Vormittag vor dem nächsten Meeting mal der kleine Hunger meldet, kannst Du durchaus zu gesunden Snacks greifen: Eine hervorragende Wahl sind Apfelringe; doch bitte nicht in zu großen Mengen, denn das kann zu Blähungen führen. Auch Trockenobst wie Aprikose oder Birne, die nicht zu klebrig sind, sind bestens geeignet.
Datteln und Feigen können schnell mal an den Fingern kleben und sind vor wichtigen Geschäftsterminen mit Sicherheit kein sinnvoller Snack.

Natürlich darfst Du auch gerne zu Mandeln greifen, denn sie sind basisch und äußerst gesund. Mandeln gehören zur selben Gattung wie Pfirsiche, Kirschen oder Aprikosen – es ist somit ein Steinobst. Es handelt sich konkret um ganz aromatische Nüsse, die weltweit sowohl in süßen als auch in herzhaften Rezeptkreationen verwendet werden. Ernährungsphysiologisch gesehen sind Mandeln ein sehr wertvolles Nahrungsmittel: Sie sind eine ausgezeichnete Proteinquelle und punkten zudem mit einem hohen Gehalt an wertvollen, gesunden Fetten, Ballaststoffen, Magnesium, B-Vitamine, Vitamin E sowie kostbare Antioxidantien.

Rund 20 Prozent hochwertiges Protein steckt in Mandeln und somit unterstützt dieses Nahrungsmittel den täglichen Bedarf. Mandeln sättigen, ohne jedoch Dein Körpergewicht zu erhöhen. Mandeln halten Dich fit, schlank und leistungsfähig! Zudem sind Mandeln eine sehr wichtige Ballaststoff- und Magnesiumquelle. Mandeln kräftigen darüber hinaus Dein Immunsystem und wirken im Körperinneren als Antioxidans. Bei zahlreichen Stoffwechselprozessen entstehen schädliche Endprodukte, sogenannte freie Radikale. Mandeln unterstützen dabei, diese unschädlich zu machen. In Mandeln stecken auch zahlreiche wertvolle Polyphenole, die ebenfalls einen sehr wichtigen Beitrag für Deine Gesundheit leisten.

Als kleine Zwischenmahlzeit darfst Du auch gerne eine kleine Banane essen.

Wenn es im Hotel ein Buffet gibt, kannst Du Dir die Gerichte selbst aussuchen. Du findest später in diesem Buch eine genaue Nahrungsmitteltabelle, die Dir zeigt, welche Lebensmittel zu den basenbildenden und welche zu den säurebildenden gehören. Verzichte unbedingt auf säurebildende Nahrungsmittel und auch auf solche, die Butter, Knoblauch und Sahne enthalten. Das kann an manchen Restaurant- und Hotelbuffets schon eine kleine Herausforderung sein.

Wenn Du Dir mal nicht sicher bist, kannst Du gerne die Bedienung, den Koch oder das Hotel-Servicepersonal fragen.

Ein Salat ist im Grunde immer eine Option – auch auswärts im Restaurant, zum Beispiel beim Italiener oder am Hotelbuffet. Wenn Du in Deiner Mittagszeit nicht auf das Hotelessen angewiesen bist, erkunde ein wenig die Umgebung und schau Dich nach Essensmöglichkeiten um. In vielen Großstädten gibt es großartige Salatbars, wo Dir eine sehr breitgefächerte Auswahl zur Verfügung steht. Natürlich kannst Du immer eine Gemüse-

Rohkostplatte bestellen und Dir Salz, Pfeffer und ein wenig Öl separat bringen lassen. Auch eine halbe Zitronenscheibe kannst Du mitbestellen und schon ist Deine basische Mahlzeit fertig.

Wenn Du im Restaurant essen möchtest, bieten sich vegetarische Lokale mit einer breiten Palette an Veggie-Mahlzeiten sehr gut an. Auch bei Italienern kannst Du Dich sehr gut basisch ernähren: Frage die Bedienung gerne nach gegrilltem oder gekochtem mediterranem Gemüse – einfach herrlich frisch, basisch, gesund und lecker! Gegartes Gemüse kannst Du am Platz gerne noch mit ein wenig Olivenöl verfeinern. Auch einige Antipasti sind basenreich, so etwa gegrillte Paprika, Zucchini oder Auberginen. Ebenso sind Oliven ohne Knoblauch oder Champignons eine sehr gute Wahl.
Im Allgemeinen kannst Du im Restaurant, unterwegs und auf Reisen immer Bratkartoffeln essen: Vergewissere Dich nur, ob sie in Butter, in einem wertvollen Öl oder in Schweineschmalz gebraten sind. Bei einer Sache musst Du aber besonders vorsichtig sein: Gemüsebrühe bedeutet bei den meisten Restaurants eher eine Hühner- oder eine Rinderkraftbrühe. Auch eine Brühe mit ungesunden Geschmacksverstärkern kann dahinterstecken.

Brühe ist also nicht gleich Brühe: Selbst in Bio-Gemüsebrühe finden sich Stoffe, die Deinem Körper nicht guttun. Das industriell hergestellte Geschmacksverstärker Glutamat steht beispielsweise unter Verdacht, diverse Nahrungsmittelunverträglichkeiten zu begünstigen. Der natürliche Geschmacksverstärker Hefeextrakt hat eine appetitanregende Wirkung und sorgt dafür, dass Du noch mehr Kalorien zu Dir nimmst. Auch raffiniertes Palmfett ist ein Problem: Der hohe Gehalt an gesättigten Fetten hat einen negativen Einfluss auf die Blutfettwerte und führt zu Verengungen in den Gefäßen. Zudem können bei der Verarbeitung von Palmfett krebserregende Substanzen entstehen. Auch der Umweltaspekt spielt hier eine Rolle: Es werden dafür häufig viele Wälder gerodet und die Tiere verlieren ihren für sie so wertvollen Lebensraum.

Im Restaurant – keine Scheu zeigen

In einem Restaurant und auch im Hotel wird man immer bemüht sein, Deine Wünsche als Gast zu erfüllen. Trau Dich in jeden Fall, den Kellner anzusprechen. Du kannst ganz ohne Scheu nachfragen, wie ein Gericht zubereitet wurde, denn die Möglichkeiten säurebildende Nahrungsmittel ins Essen „zu schmuggeln“ sind nahezu unbegrenzt. Wenn Du der Bedienung gleich mitteilst, was im Gericht nicht enthalten sein soll, müsste alles bestens klappen. Bestell deswegen nicht nur einen Gemüseteller oder einen Salat, sondern füge Deiner Bestellung hinzu, dass keinerlei tierische Produkte und sowie keine Milchprodukte enthalten sein sollen. Auch Sahne oder Geschmacksverstärker sollten nicht in Deinem Essen landen.

Wenn Du beruflich viel unterwegs bist und oft Mittags- und Abendmahlzeiten in Hotels und Restaurants isst, solltest Du Dich vor der Reise über das Hotel informieren. Rufe gerne ein paar Tage vor dem Aufenthalt an und frage gezielt nach den verwendeten basischen Nahrungsmitteln. Wenn Du weißt, wie das Hotel in dieser Hinsicht aufgestellt und ausgestattet ist, kannst Du für ein basisches Reisepaket vorsorgen. Frag gerne nach, ob Dein Hotelzimmer eine Badewanne hat. So kannst Du zum Stressabbau am Abend auch ein wohltuendes Basen-Bad machen. Die Regeneration und die Entspannung sollten nämlich vor allem im stressigen Berufsalltag nicht zu kurz kommen.

Basisch bestens versorgt in Hotels und Restaurants

Diese basenbildenden Nahrungsmittel findest Du im Allgemeinen auf jeder Restaurant-Speisekarte sowie in Hotels:

- frische Früchte
- frisch gepresste Fruchtsäfte, zum Beispiel Orangensaft
- Bananen (auf Nachfrage)
- vor allem am Frühstücksbuffet: Sonnenblumenkerne, Sesam, Walnüsse, Mandeln
- Pell- und Salzkartoffeln
- Rohkostsalate ohne Dressing
- frische Zitronenscheiben für das Dressing
- Bratkartoffeln in wertvollem Öl angebraten
- frisches Gemüse – auf Nachfrage gerne auch gegrillt oder gekocht
- Gemüsesuppen (sahnefrei)
- Kamillentee
- Kräutertee
- Fencheltee
- klare Gemüsebrühe ohne Konservierungsmittel und Geschmacksverstärker

Das ist unterwegs noch zu beachten

Auch auf Dienstreisen solltest Du für ausreichend Bewegung und Erholung sorgen. Gönne Dir zum Beispiel einen Massagetermin: Viele Hotels bieten in ihrem Spa-Bereich solche Entspannungsangebote an. Falls das Hotel einen Pool hat, kannst Du vor dem Frühstück auch 30 Minuten schwimmen gehen. Ein Saunagang am Abend lässt den Stress der ganzen Meetings, Besprechungen und Aufgaben ebenfalls von Dir abfallen. Das tut Deinem Körper rundum wohl und unterstützt das Entsäuern.

Es ist immer großartig, wenn Du im Hotel eine Thermoskanne mit auf Dein Zimmer nehmen kannst. So sorgst Du auch auf Dienstreisen für eine gesunde Flüssigkeitszufuhr.

Achtung Säurefallen – wertvolle Tipps und Tricks

1. Eine bedeutende Säurefalle sind Heißhungerattacken.
   Du kommst von einem stressigen Arbeitsalltag nach Hause, fühlst Dich müde, erschöpft und hungrig. Da erscheint es wohl nicht sehr verlocken, sich in die Küche zu stellen, Gemüse zu schneiden und gesund zu kochen.
   Schon macht man den Kühlschrank auf und es lauern lauter Versuchungen, so zum Beispiel Brot, Wurst oder Käse. Mit einigen Tricks kannst Du solche Heißhungerattacken aber effizient vermeiden.

   - Warte mit den Mahlzeiten nie so lange ab, bis Heißhungergefühle aufkommen. Iss lieber zwischendurch einen kleinen basischen Snack, wenn Du während der Arbeitszeit merkst, dass der erste kleine Hunger aufkommt.
     Du kannst zum Beispiel zu Trockenfrüchten oder zu Mandeln greifen. Auch Wasser ist natürlich immer ein ausgezeichnetes Getränk im Rahmen der basischen Ernährung.

   - Vermeide es, dass Du nach einem langen und anstrengenden Arbeitstag nach Hause kommst und mit knurrendem Magen nach ungesunden Säurebildnern greifst. Sorge lieber dafür, dass sofort etwas Basisches verfügbar ist, und wenn es nur ein Oliven-Snack ohne Knoblauch ist.

   - Bereite schon am Vorabend das Mittagessen sowie die Abendmahlzeit für den nächsten Tag zu. So brauchst Du Dein Essen am Abend nur noch aufwärmen und schon kannst Du basisch-gesund genießen.

   Du kannst natürlich auch etwas Kaltes essen wie gegrillte Auberginen oder Zucchini.

2. Mangelnde Flüssigkeitszufuhr

Mindestens zweieinhalb bis drei Liter solltest Du pro Tag auf jeden Fall trinken. Gliedere Deinen Tag am besten in drei feste Abschnitte und trinke am Vormittag, am Nachmittag sowie nach dem Feierabend ausreichend. Am besten hältst Du für jeden Zeitabschnitt eine 1-Liter-Flasche bereit. Wichtig ist nicht nur, dass Du ausreichend trinkst, sondern auch das richtige trinkst. Dazu kommen wir aber nochmals gesondert.
Die erste Flasche musst Du also bis zur Mittagspause leeren, die zweite bis zum Feierabend und die dritte bis zum Schlafengehen.
Das Trinken muss zu einem ganz selbstverständlichen Bestandteil Deines Berufsalltags werden. Wenn Du zum Beispiel einen Bürojob hast und am Schreibtisch arbeitest, kannst Du auch stündlich trinken. Mittlerweile gibt es ganz tolle Apps, die Du kostenlos auf Deinem Smartphone herunterladen kannst. Dort kannst Du Dein tägliches Trinkpensum ganz einfach erfassen und Dich sogar an die nächste Trinkeinheit erinnern lassen.

3. Übermäßiger Stress ist die dritte wichtige Säurefalle.
Natürlich kann Dich trotz einer sehr sorgfältigen Planung im Alltag der Stress überraschen. Es gibt nun mal solche Tage, an denen nicht alles nach Plan läuft, Ärger mit den Kollegen aufkommt oder der Chef unerwartet mit ganz neuen Herausforderungen und Dringlichkeiten auf Dich zukommt. Wichtig ist in solchen Situationen, die Ruhe zu bewahren und versuchen sich neu zu sortieren. Ebenso solltest Du nicht abends nach Hause kommen und Dich mit Alkohol, Schokolade oder sonstigen „sauren“ Nahrungsmitteln belohnen. Hier ist also ein Umdenken gefragt: Halte basische Nahrungsmittel bereit und sorge für ausreichend Ausgleich im stressigen Berufsalltag. Hierbei hilft Dir ein Autogenes Training oder eine entspannende Yoga-Einheit am Abend. Probiere es doch einfach einmal aus.

Eine sehr zucker- und fleischbasierte Ernährung ist sehr kalium- und mineralstoffarm.

Hingegen ist eine frische und basische Ernährung der absolute Vital-Boost für Deinen Körper! Eine basische Ernährung liefert Deinem Körper grundlegend wichtige Mineralien und hält die Säuren im Zaum. Wertvolle Vitamine, essenzielle sekundäre Pflanzenstoffe und kostbare Spurenelemente sorgen zudem für gesunde Stoffwechselprozesse.

Die wichtigsten Mineralien für den Säure-Basen-Haushalt

Mineralstoffe sind von unverzichtbarer Bedeutung für Deinen Organismus. Durch eine ausreichende Bedarfsdeckung an Kalium, Natrium, Magnesium und Kalzium kann Dein Organismus für einen reibungslosen Funktionsablauf sorgen.

Ernährungswissenschaftlich werden Mineralien in Mengenelemente sowie in Spurenelemente unterteilt. Mengenelemente – werden auch als Elektrolyten bezeichnet – sind die Stoffe, die mit einem Anteil von mehr als 50 Milligramm pro Kilogramm Körpergewicht in Deinem Organismus vorkommen. Bei den Spurenelementen liegt die Konzentration noch weiter darunter, ausgenommen Eisen: Dieses findet sich im Organismus mit einem Anteil von 60 Milligramm pro Kilogramm Gewicht.

Zu den Mengenelementen gehören:

- Natrium
- Kalium
- Kalzium
- Chlorid
- Phosphat
- Schwefel
- Magnesium

Zu den Spurenelementen gehören:

- Eisen
- Fluorid
- Zink
- Kupfer
- Selen
- Chrom
- Molybdän
- Mangan
- Jod

Essenzielle Vitamine für den Säure-Basen-Haushalt

Vitamine gehören zu den Mikronährstoffen und sind ebenfalls sehr wichtig für einen ausgeglichenen Säure-Basen-Haushalt. Von besonderer Bedeutung sind die wasserlöslichen und fettlöslichen Vitamine, denn sie haben antioxidative, regulierende und schützende Funktionen! Vitamine sind keine Energielieferanten für Deinen Körper, dennoch gehören sie zu den essenziellen Nährstoffen und dürfen somit im Rahmen einer gesunden und basischen Ernährung auf keinen Fall fehlen. Dein Organismus braucht für die Gesunderhaltung unbedingt eine ausreichende Deckung des Vitaminbedarfs, denn bis auf einige Ausnahmen kann er sie nicht selbst herstellen. Du musst sie ihm also über die Tagesmahlzeiten gezielt zuführen.

Ernährungswissenschaftlich werden 13 verschiedene Vitamine unterschieden, von denen vier fettlöslich und neun wasserlöslich sind. Diese Vitamine regulieren zum Beispiel sehr wichtige Stoffwechselvorgänge und sind zudem ein wichtiges Schutzsystem für Deinen Körper. Die fettlöslichen Vitamine solltest Du immer in Kombination mit wertvollen Fetten aufnehmen, so zum Beispiel mit Olivenöl, das Du über Deinen Salat gibst. Die B-Vitamine und Vitamin C sind essenziell wichtig für Deinen Energiestoffwechsel. Auch für die Haut, die Knochen, die Zellteilung, die hormonelle Tätigkeit und für die Blutbildung werden Vitamine dringend benötigt.

Die 9 wasserlöslichen Vitamine heißen:
Vitamin B1
Vitamin B2
Vitamin B3 (Niacin)
Vitamin B5 (Pantothensäure)
Vitamin B6
Biotin
Folsäure
Vitamin B12
Vitamin C

Die 4 fettlöslichen Vitamine heißen:
Vitamin A
Vitamin D
Vitamin E
Vitamin K.

Für einen ausgeglichenen Säure-Basen-Haushalt sind drei Vitamine von besonderer Bedeutung:

- **Vitamin B12**

  Dieses Vitamin wird auch als „Cobalamin" bezeichnet und ist das einzige Vitamin, das Dein Körper sogar über mehrere Jahre hinweg speichern kann. Die Vitamin-B12-Einlagerung erfolgt vorrangig in der Leber. Diesen Mikronährstoff braucht der Organismus für die Bildung der roten Blutkörperchen, für die Regeneration der Schleimhäute sowie für einen reibungslosen Funktionsablauf des Nervensystems. Auch die Psyche profitiert in wesentlichem Maße von einer optimalen Vitamin-B12-Versorgung.

  Dieses Vitamin wird vor allem über die täglichen Mahlzeiten aufgenommen, vorrangig über tierische Nahrungsmittel. Diese sind jedoch nicht basenbildend und somit kann in diesem Zusammenhang eine Supplementierung sinnvoll sein, also die Einnahme von Nahrungsergänzungsmitteln.

❖ Vitamin C

Vitamin C ist ein wasserlösliches Vitamin, das Dein Organismus nicht von sich aus herstellen kann. Dieses Vitamin ist ein sogenannter Radikalfänger und ein Antioxidans. Mithilfe von Vitamin C können schädliche freie Radikale effizient bekämpft werden. Die antioxidativen Fähigkeiten dieses Mikronährstoffs spielen vor allem für das Immunsystem eine zentrale Rolle.
Des Weiteren wird Vitamin C für zahlreiche Stoffwechselvorgänge benötigt, so zum Beispiel für den Bindegewebeaufbau und die Bildung bestimmter Hormone und Botenstoffe.
Ein weiterer bedeutsamer Vorteil ist, dass Vitamin C die Aufnahme von Eisen im Darm erleichtert und mögliche krebserregende Stickstoff-Verbindungen in Lebensmitteln – sogenannte Nitrosamine – unschädlich machen kann.

Die besten Vitamin-C-Quellen sind:

- Frische Fruchtsorten wie zum Beispiel Beeren oder Zitrusfrüchte wie Orangen und Mandarinen. Sie zählen zu den bedeutendsten Vitamin-C-Lieferanten.
- Dieses Vitamin steckt ebenfalls in zahlreichen Gemüsesorten wie etwa Kartoffeln, Paprika oder Kohl.

❖ Vitamin D3

Dieser Mikronährstoff wird auch als sogenanntes „Sonnenvitamin" bezeichnet und ist ein fettlösliches Vitamin.
Dein Körper kann ihn selbst herstellen, allerdings ausschließlich unter der Voraussetzung, dass ausreichend Sonnenlicht vorhanden ist. Für die Vitaminproduktion im Organismus müssen also UVA- und UVB-Strahlen direkt auf die Haut einwirken. Dieser Stoff übernimmt zahlreiche Funktionen im Stoffwechselablauf und ist äußerst wichtig für das psychische und körperliche Wohlbefinden.

Vitamin D findet sich vor allem in fettreichen Seefischen wie Hering, Makrele, Thunfisch oder Wildlachs. Für eine basenbasierte Ernährung sind diese nicht wirklich geeignet, doch Du kannst zu Steinpilzen und Champignons greifen. Auch sie sind eine sehr gute Vitamin-D-Quelle.

Polyphenole – die farbliche Kategorisierung von Nahrungsmittel im Überblick

Bei den Polyphenolen, den sogenannten sekundären Pflanzenstoffen, handelt es sich um eine Hauptgruppe von Stoffen, mit denen sich Pflanzen eigentlich vor ihren Feinden schützen.

Besonders interessant sind in der Gruppe der Polyphenole:

- die Farbstoffe:
  Sie locken zum Beispiel Insekten zur Bestäubung an.

- saure Geschmacksstoffe sowie herbe und bittere Tannine:
  Sie schützen die Pflanzen vor allem vor Fraßfeinden.

Diese wertvollen Substanzen stecken insbesondere in den Randschichten von Früchten, Getreide und Gemüsesorten. Sie bilden sich beim Anbau im Freiland und deshalb sollten vor allem Produkte in einer hohen Bio-Qualität bevorzugt werden.
Einige Polyphenole haben eine antioxidative und entzündungshemmende Wirkung, andere wiederum schützen vor schädlichen freien Radikalen. Wieder andere Pflanzenschutzstoffe verhindern Fettablagerungen in den Gefäßen und stärken die Darmgesundheit.

Die Wirkungsweisen sind also äußerst vielfältig und breitgefächert und daher ist es sehr sinnvoll, bunt und vielseitig zu essen. Je mehr Aromen und Geschmäcker Du auswählst, desto größer ist das Polyphenol-Wirkspektrum!

Leuchtend gelb und orange

Die gelblich weiße Farbe bis hin zur leuchtenden Sonnenfarbe kommt vor allem von den Flavonoiden Quercetin, Luteolin und Apigenin sowie aus den Carotinoiden, die in rot- und orangefarbenen Gemüse- und Fruchtsorten enthalten sind. Erst durch die Zugabe wertvoller Fettsäuren kann Dein Organismus Carotinoide aufnehmen: Aus diesem Grund wird beispielsweise Karottensaft immer mit ein paar Tropfen Öl verfeinert.

Zu dieser Gruppe gehören:

- Chicorée
- Knoblauch
- Ingwer
- Pilze
- Zitronen
- Grapefruit
- gelbliche Äpfel wie etwa Golden Delicious
- Mangos
- Karotten
- Kürbis
- Bananen
- Mais
- Melonen
- Birnen
- Ananas
- Kurkuma
- Curry

Rotes Gemüse und Früchte

Die intensive Rotfärbung von Früchten und Gemüse kommt vom wertvollen Inhaltsstoff Lycopin sowie von Anthocyanen. Die Lycopin-Wirkung ist im menschlichen Körper sehr eng mit der Fettverdauung verbunden. Aus diesem Grund sollte beispielsweise lycopinhaltiges Gemüse wie etwa Tomaten mit ein paar Tropfen Öl verfeinert werden, damit dadurch die Bioverfügbarkeit – das heißt die Aufnahme durch den Körper – gesteigert wird.

Dieser wertvolle Inhaltsstoff ist ein großartiger Radikalfänger und bietet somit von innen einen ausgezeichneten Hautschutz.

Zu dieser Gruppe gehören:

- Tomaten
- Chilischoten
- Rote-Bete
- Rotkohl
- rote Paprika
- Granatäpfel
- rote Äpfel
- rote Weintrauben
- Himbeeren
- Pflaumen
- Goji-Beeren
- Johannisbeeren

Grüne Pflanzenpower - Chlorophyll

Der bekannteste grüne Pflanzenfarbstoff ist das Chlorophyll: Durch den Vorgang der Photosynthese sorgt er für mehr Sauerstoff in unserer Luft. Das in vielen Gemüsesorten reichlich enthaltene Chlorophyll regt den Sauerstofftransport in den Blutgefäßen an, fördert die Neubildung von Blutzellen und schützt zudem die Zellmembran vor Schäden.
Besonders wertvoll sind Brokkoli und Grünkohl: Je dunkler die Grünfärbung, desto besser. Doch auch alle anderen grünen Gemüse- und Fruchtsorten sollten regelmäßig auf dem Tisch landen:

- grüner Spargel
- Spinat
- Zucchini
- Mangold
- Erbsen
- grüne Paprika
- grüne Weintrauben
- Stachelbeeren
- Birnen
- Kapern
- Oliven
- alle frischen Kräuter wie Liebstöckel, Dill, Minze, Petersilie, Basilikum, Schnittlauch und vieles mehr
- grüne Blattsalate
- grüne Äpfel
- grüne Bohnen

Zusätzlich zum Chlorophyll sind in grünem Food reichlich Enzyme, Mineralstoffe und wertvolle Spurenelemente enthalten. Somit ist dieses „Greenfood" ein echtes Powerfood für Deinen Körper und sorgt für eine effiziente Fettverbrennung!

Blaues und violettes Essen

Auch blaue und violette Obst- und Gemüsesorten dürfen in Deinem Haus nicht fehlen, denn sie liefern reichlich Anthocyane: Sie schützen Dich nicht nur vor Herz-Kreislauf-Erkrankungen, sondern wirken sehr effizient gegen eine zu frühe Hautalterung. So haben Anthocyane eine regenerierende, straffende und verjüngende Wirkung.

Zum blauen und violetten Food gehören:

- Heidelbeeren
- Brombeeren
- dunkle Trauben
- Auberginen
- rote Zwiebeln

Mit Natron einer Übersäuerung frühzeitig entgegenwirken?

Natron ist eines der bekanntesten und ältesten Mittel gegen Sodbrennen und Übersäuerung. Der chemische Hintergrund ist dabei folgender: Natrium zerfällt in Wasser zu Bikarbonat und Natriumionen. Beide Stoffe finden sich auch im menschlichen Körper und werden im Allgemeinen ausreichend mit der Nahrung aufgenommen – vor allem dann, wenn Du Dich basisch ernährst.

Basisch – also Säuren-neutralisierend – wirkt dabei einzig das Bikarbonat. Die künstliche Zufuhr von Natron ist unter Medizinern allerdings recht umstritten, denn die Einnahme ist mit bestimmten Nebenwirkungen verbunden.

Natron kann aufgrund seines chemischen Charakters im Körper zu Kohlensäure umgewandelt werden: Wenn das im Magen passiert, kommt es zu unangenehmem Aufstoßen sowie zu Blähungen. Bei einer übermäßigen Natroneinnahme kann es zudem auch zu einem Basenüberschuss, einer Alkalose im Körper kommen. Durch das Natrium kann es bei dauerhafter Einnahme ebenfalls zu Bluthochdruck kommen.

Somit empfehlen Schulmediziner den Einsatz von Natron bei Übersäuerung und Sodbrennen nicht.

Ein weiterer wichtiger Punkt ist in diesem Zusammenhang, dass Natron nicht mit Backpulver gleichgesetzt werden kann. Natron ist heute vor allem als Zugabe in herkömmlichem Backpulver bekannt, doch in Backpulver stecken noch viele andere Zusatzstoffe, die bei einer Übersäuerung nicht empfehlenswert sind.

Wenn Natron eingesetzt werden sollte, dann solltest Du dieses immer nur in Reinform aus der Apotheke kaufen.

Das ist also nicht das Erste-Wahl-Mittel bei Azidose: Natron kann die Säure vieler säurebildenden Nahrungsmittel neutralisieren, doch es ist dabei nicht nebenwirkungsfrei. Deshalb sollte Natron nur mit großem Bedacht eingesetzt werden.

Mit Unterstützung von Basenpulver schnell aus dem sauren Bereich

Die Übersäuerung des Körpers entsteht vor allem durch eine zu säurehaltige Ernährungsweise: Viele tierische Produkte, Proteine aus Milchprodukten und Fleisch, aber auch Bohnen und Soja sind bedeutende Säurebildner. Ähnlich verhält es sich mit verarbeiteten Lebensmitteln und Zucker.

Der wichtigste Weg ist also immer eine Umstellung der Ernährungsgewohnheiten auf eine basische Kost. Im besten Fall sollte Deine Ernährung aus 70 bis 80 Prozent basenbildenden und 20 bis maximal 30 Prozent säurebildenden Nahrungsmitteln bestehen. Wenn Du Dich an eine ausgewogene basische Ernährung hältst, dann pendelt sich Dein pH-Wert ein, auch ohne, dass Du zu Basenpulver greifen musst.
Es ist also nicht zwingend erforderlich, doch Basenpulver kann Dich dabei unterstützen, den Säure-Basen-Haushalt wieder in Balance zu bringen und

zu stabilisieren. So kann Dein Körper etwas rascher aus dem sauren pH-Wertbereich herauszukommen.

Basenpulver liefert Deinem Körper reichlich Mineralien, wie zum Beispiel Magnesium, Kalzium, Natrium und Kalium. Aber auch Selen, Eisen und Zink können in Basenpulver enthalten sein. Ein Basenpulver besteht im Allgemeinen aus Mineralsalz-Verbindungen auf Carbonat- und Citrat-Basis, Lactose und Saccharose.

Wenn Du Dich zum Kauf von Basenpulver entscheidest, solltest Du aber immer darauf achten, dass das Pulver ganz frei von Farb- und Konservierungsstoffen hergestellt ist.

Basenpulver solltest Du zudem nicht über einen zu langen Zeitraum einnehmen. Sobald Du Dein Säure-Basen-Gleichgewicht erreicht hast, kannst Du es wieder weglassen und weiter auf die basische Kost setzen. Reichlich Fast Food, Fertiggerichte, Zucker & Co zu essen und dabei gleichzeitig darauf zu vertrauen, dass das Basenpulver die Symptome beseitigt, ist eine absolute Fehlannahme!

Das Basenpulver ist von verschiedenen Herstellern erhältlich. Du kannst es in Wasser auflösen und trinken oder unter die Nahrung mischen. Es ist also ein typisches Nahrungsergänzungsmittel – je nach Produktart und Rezeptur.

Gesund basisch trinken

Im Rahmen der basischen Ernährung ist das Trinken ein sehr wichtiger Bestandteil, denn auf diese Weise hilfst Du dem Organismus dabei, Giftstoffe aus dem Körper auszuleiten. Doch auch Wasser ist nicht gleich Wasser:

- Natürliches Mineralwasser ohne Kohlensäure enthält natürlicherweise lebenswichtige Mineralien. Dieses Wasser darf in seiner Zusammensetzung nicht verändert werden und braucht sogar eine amtlich gültige Anerkennung.

- Quellwasser ist im Grunde wie ein natürliches Mineralwasser, doch es darf mit anderen Quellwassern gemischt werden.
  Quellwasser muss aber nicht gesondert gekennzeichnet werden.

- Tafelwasser ist ein aufbereitetes Leitungswasser: Es wird mit Mineralstoffen, Meerwasser und Kohlensäure versetzt.

- Leitungswasser muss nicht unbedingt rein sein: Es wird von Wasserwerken mithilfe chemischer Hilfsstoffe aufbereitet und gereinigt. Oft ist es durch Aktivkohle gefiltert.

Bei der basischen Ernährung und beim Basenfasten solltest Du am besten zu natürlichem Mineralwasser ohne Kohlensäure greifen.

Infused Water – die gesunde Flüssigkeitszufuhr in Deinem Basen-Alltag

Auch Infused Water ist eine sehr gute Lösung. Das ist eine gesunde und zudem sehr geschmackvolle Alternative zu den Getränken, die im Supermarkt erhältlich sind. Die Kombination von Kräutern, Früchten, Gemüse und ätherischen Ölen liefert Deinem Körper die Flüssigkeitsversorgung, die er dringend braucht, um interne Entzündungsprozesse zu bekämpfen. Der Körper braucht darüber hinaus dringend Flüssigkeit, um Nährstoffe zu den Zellen zu transportieren. Die Zutaten, die hier verwendet werden, beinhalten viele wertvolle Antioxidantien, die Deinen Körper im Kampf gegen freie Radikale unterstützen. Freie Radikale können verschiedene gesundheitliche Beschwerden begünstigen und zudem die Zellalterung beschleunigen.

Antioxidantien sind vor allem für ihre entzündungshemmenden Eigenschaften sehr beliebt und bekannt.

Früchte sind ein wichtiger Bestandteil von Infused Water, denn sie verleihen dem Getränk ein herrlich frisches Aroma. Zitronen oder Orangen müssen vorher aufgeschnitten werden, anderes Obst wie Erdbeeren oder Heidelbeeren können komplett ins Wasser gegeben werden. Die köstlichen und nahrhaften Säfte der Früchte vermischen sich aber leichter mit dem Wasser, wenn es aufgeschnitten ist.

Gemüse ist aufgrund des hohen Nährstoffgehalts eine ausgezeichnete Zutat für Infused Water. Auch hier kann das Gemüse einfach in Scheiben geschnitten oder gewürfelt werden: Auf diese Weise werden die Nährstoffe perfekt im Wasser freigesetzt.

Auch Kräuterblätter von Minze, Melisse oder Basilikum sind sehr beliebte und gesunde Zutaten bei Infused Water. Kräuter werden am besten zerrupft oder kleingehackt, damit die in den Blättern enthaltenen ätherischen Öle optimal freigesetzt werden können. So profitierst Du am besten von den gesundheitlichen Vorteilen der Kräuter.

Die besten Tees für einen ausgeglichenen Säure-Basen-Haushalt

Auch Tees sind eine sehr wichtige Komponente, um den Säure-Basen-Haushalt wieder ins Gleichgewicht zu bringen. Vor allem basische Teesorten wirken gegen eine Azidose.

Basische Teesorten helfen dabei, die Säuren im Körper zu neutralisieren und so das Gleichgewicht wiederherzustellen. Basenbildender Tee wirkt neutralisierend und unterstützt eine ausgewogene basische Ernährung. Durch die enthaltenen Kräuter kann gleichzeitig die Entgiftung des Organismus gefördert werden.

Doch nicht jeder Tee ist automatisch basisch. Manche Sorten sind besonders gut geeignet – so etwa Kräutertees. Schwarztee und grüner Tee sind hingegen säurebildende Tees, aufgrund ihrer enthaltenen Gerbstoffe. Wenn Du Kräutertee kaufst, solltest Du vor allem darauf achten, dass die Kräuter aus kontrolliert biologischem Anbau stammen, denn auf diese Weise kannst Du unnötige Toxine vermeiden.
Besonders empfehlenswert sind Tees aus Kräutern wie Löwenzahn, Brennnessel, Fenchel und Spitzwegerich: All das sind wertvolle heimische Heilpflanzen.

Auch folgende Kräuter sind häufig beliebte Zutaten in basenbildenden Teesorten:

- Lindenblüte
- Melisse
- Ingwer
- Salbei
- Zinnkraut
- Pfefferminze

Die meisten basischen Tees bestehen aus vielzähligen Kräutern, die sich in ihrer Wirkung ergänzen. Du kannst also täglich einige Tassen Tee genießen und zwischen Basen-Tee und sonstigen Kräuterteezubereitungen abwechseln.

Basische Helfer für mehr Wohlbefinden und Gesundheit

Auch Basenfußbäder und Basenbäder sind ein sehr effektives Mittel, um überschüssige Säuren aus dem Körper zu leiten. Die Grundlage von Basen-Badezusätzen sind wertvolle Mineralien in Form von basischen Carbonaten wie zum Beispiel Natriumhydrogencarbonat (Natron), Magnesiumcarbonat, Kaliumcarbonat und Natriumcarbonat. Auch natürliche Salze wie zum Beispiel Meersalz oder Kristallsalz sind ein Bestandteil von Basen-Badezusätzen für die Füße und den Körper.

Sie sind sehr einfach in der Anwendung und haben zudem eine sehr positive Wirkung auf das gesamte Wohlbefinden. Des Weiteren wirken sie sehr positiv auf die Haut. Basenbäder sind somit nicht nur eine gute Wahl, um wieder ein Gleichgewicht in den Säure-Basen-Haushalt zu bringen, sondern auch als allgemeine Wellnessanwendung. Und was dem Geist guttut, tut schließlich auch dem gesamten Körper richtig gut. Es befreit den Organismus vor schädlichen Säure-Schlacken und sorgt für mehr innere Balance.

Überschüssige Säuren speichert der Körper vor allem im Bindegewebe, so auch im hauteigenen Gewebe. Beim Baden öffnen sich durch die Wärme des Badewassers die Poren. Der Konzentrationsunterschied zwischen den Säuren, die in den Hautzellen enthalten sind und dem basischen Badewasser bewirken eine gezielte Ausleitung der Säuren aus den Zellen. Sie kommen schließlich an die Oberfläche der Haut und gehen von dort einfach ins basische Wasser über. Sie werden also ganz einfach neutralisiert.

Der Erfolg dieser Pflegeanwendung lässt sich sogar überprüfen, zum Beispiel durch eine Messung des pH-Wertes vor und nach dem Baden.

Gleichzeitig ist ein solches Basen Bad ein echtes SPA-Erlebnis: Die Haut fühlt sich herrlich zart und geschmeidig an. Viele Menschen sagen, dass die Haut nach dem Basen Bad deutlich erholter und glatter ist.

Damit die optimalen Wirkungen erzielt werden können, muss das Badewasser die richtige Temperatur haben: Ideal ist hier Körpertemperatur, also 36 bis 38 Grad Celsius. Die Säureausscheidung über die Hautporen erfolgt im Allgemeinen erst nach einer halben Stunde, daher solltest Du mindestens 45 Minuten oder gar eine ganze Stunde lang baden. Die Badewassertemperatur sollte über die gesamte Badezeit hin erhalten werden. Um das nachzuprüfen, kannst Du ein Bade-Thermometer verwenden und gegebenenfalls heißes oder kaltes Wasser nachgeben.

Der basische Badezusatz wird einfach entsprechend der Packungsanleitung in das Wasser gegeben. Eine solche Basen-Pflegeanwendung solltest Du am besten zwei Mal wöchentlich, über einen Zeitraum von mindestens einem Monat, machen.
In Kombination mit einer basenreichen Ernährung erzielst Du somit die besten Resultate!

Basische und saure Lebensmittelliste – das beste Food im Überblick

Basenbildende Lebensmittel

Basische Früchte

Äpfel	Sauerkirschen
Ananas	Kiwis
Aprikosen	Limetten
Avocado	Mandarinen
Bananen	Nektarinen
Birnen	Oliven (grün, schwarz)
Clementinen	Orangen
Datteln	Papaya
Erdbeeren	Pfirsich
Feigen	Pflaumen
Grapefruits	Preiselbeeren
Heidelbeeren	Quitten
Mangos	Stachelbeeren
Mirabellen	Trockenfrüchte
Himbeeren	Wassermelone
Honigmelonen	Weintrauben (hell und dunkel)
Johannisbeeren (rot, schwarz)	Zitronen
Süßkirschen	Zwetschgen

Basische Pilzsorten

Austernpilze	Steinpilze
Shiitake	Morcheln
Champignon	Pfifferlinge

Basische Samen & Nüsse

Erdmandeln	Mandelmus
Maroni	Mandeln

Basische Gemüsesorten

- Algen (z. B. Nori, Wakame, Chlorella, Spirulina)
- Artischocken
- Paprika
- Auberginen
- Pastinaken
- Staudensellerie
- Petersilienwurzel
- Blumenkohl
- Radieschen
- Bohnen
- Rettich
- Brokkoli
- Romanesco
- Chicorée
- Rosenkohl
- Chinakohl
- Rote-Bete
- Frische Erbsen
- Rotkohl
- Fenchel
- Frühlingszwiebeln
- Schwarzwurzel
- Grünkohl
- Spargel
- Gurken
- Spinat
- Karotten
- Spitzkohl
- Kartoffeln
- Süßkartoffeln
- Knoblauch
- Tomate
- Kohlrabi
- Weißkohl
- Kürbis
- Wirsing
- Lauch
- Zucchini
- Mangold
- Zwiebeln
- Schalotten

Basische Salate & Kräuter

- Basilikum
- Löwenzahn
- Lollo-Salate (Biondo/Rosso)
- Bohnenkraut
- Majoran
- Borretsch
- Meerrettich
- Brennnessel
- Brunnenkresse
- Melisse
- Chinakohl
- Muskatnuss
- Chicorée
- Nelken

- Chilischoten
- Oregano
- Dill
- Petersilie
- Eichblattsalat
- Eisbergsalat
- Pfefferminze
- Endivien
- Piment
- Feldsalat
- Rosmarin
- Rucola
- Salbei
- Ingwer
- Kapern

- Schnittlauch
- Kardamom
- Kerbel
- Koriander
- Thymian
- Kopfsalat
- Vanille
- Kresse
- Kreuzkümmel & Kümmel
- Kümmel
- Zimt
- Kurkuma
- Liebstöckel

Gute / wertvolle säurebildende Lebensmittel

Bio-Getreide (z. B. Dinkel oder Gerste in geringen Mengen)

Getreideprodukte wie Dinkel-Bulgur, Dinkel-Couscous, nicht aus Weizen

Bio-Hafer und **Haferflocken**

Hirse und **Vollkornreis** (brauner Reis)

Hülsenfrüchte (z. B. Kernbohnen, Linsen, Kichererbsen, getrocknete Erbsen etc.)

Kakaopulver in hoher Qualität

Mais (z. B. Polenta, Mais-Pasta)

Nüsse (z. B. Walnüsse, Haselnüsse, Macadamianüsse, Paranüsse, Cashewkerne, Kokosnuss reif (auch Kokosflocken))

Ölsaaten (z. B. Leinsaat, Sesam, Hanfsaat, Sonnenblumenkerne, Kürbiskerne, Mohn, Chiasamen etc.; lässt man die Saaten keimen, werden sie – je nach Keimdauer – basisch)

Pseudogetreide (z. B. Quinoa, Amaranth, Buchweizen)

Tierische Produkte aus biologischer Landwirtschaft in überschaubaren Mengen (z. B. Bio-Eier oder Fisch aus Bio-Aquakultur)

Tofu (nur Bio) und hochwertige fermentierte Bio-Sojaprodukte wie Miso und Tempeh

Schlechte säurebildende Lebensmittel

Tierische Lebensmittel – säurebildend

Eier aus konventioneller Landwirtschaft

Fisch und Meeresfrüchte aus konventioneller Aquakultur oder aus belasteten Regionen stammend

Fleisch aus konventioneller Landwirtschaft

Fleischbrühe

Wurstwaren

Schinken

Milchprodukte (Quark, Joghurt, Kefir, Molke und alle Käsesorten, auch von Schaf und Ziege; gerade auch alle fettarmen Milchprodukte)

Ausnahmen: Butter, Ghee und Sahne in Bio-Qualität, welche neutral eingestuft werden

Pflanzliche Lebensmittel – säurebildend

Essig (Weinessig, Balsamico – Ausnahme: naturtrüber Apfelessig)

Fertigprodukte aller Art (insbesondere solche aus konventioneller Erzeugung)

Getreideprodukte aus Weißmehl (Back- und Teigwaren wie Brot, Brötchen, Laugengebäck, Kuchen, **Gebäck**, **süße Teilchen, Nudeln** etc., **manche Frühstückscerealien** wie z. B. Cornflakes, Fertigmüslis, Crispies, Crunchys etc.)

Glutenhaltige Produkte (z. B. Produkte aus Seitan, wie vegetarische Würste, Aufschnitt, Bolognese usw.)

Ketchup (Ausnahme: selbst gemachtes Ketchup)

Sauerkonserven wie zum Beispiel Sauergurken

Senf (Ausnahme: hochwertiger Bio-Senf ohne säurebildende Zusätze)

Sojaprodukte (stark verarbeitet)

Speise-Eis (auch Wasser-, Soja- und Joghurteis – Ausnahme: Basisches Eis)

Süßungsmittel wie Dicksäfte

Zucker (sämtliche Produkte, die Haushaltszucker enthalten) – ***Kokosblütenzucker*** gilt als guter Säurebildner, wenn in kleinen Mengen verzehrt, z. B. einmal wöchentlich zwei Stück Kuchen mit Kokosblütenzucker

Die richtige Mahlzeitenzusammenstellung

Deine Ernährung solltest Du so zusammenstellen, dass 80 % Deiner Mahlzeiten aus den basenbildenden Nahrungsmitteln bestehen: Diese findest Du in den Tabellen „Basenbildende Lebensmittel".

20 % Deiner Mahlzeit sind wertvolle säurebildende Nahrungsmittel. Diese braucht Dein Körper, denn eine rein basische Ernährung ist vor allem langfristig nicht empfehlenswert. Es braucht ein ausgewogenes Gleichgewicht!

Die „**schlechten Säurebildner**" solltest Du vollständig meiden!

Früchte, Gemüse & Salat – heimischer & basischer Saisonkalender

	Frühling	Sommer	Herbst	Winter
Obst				
	Äpfel (gelagert) Rhabarber Kirschen Stachelbeeren Erdbeeren (ab Mai)	Aprikosen Himbeeren Erdbeeren Johannisbeeren Pflaumen Birnen Mirabellen Brombeeren Heidelbeeren Süßkirschen Wassermelone	Äpfel Birnen Trauben Zwetsch-gen	Äpfel Birnen
Gemüse				
	Grüner Spargel Spinat Erbsen Frühlings-zwiebeln Pak Choi Radieschen Champignons	Radieschen Kohlrabi Mangold Bohnen Karotten Tomaten Zucchini Blumenkohl Brokkoli	Kürbis Rote-Bete Fenchel Lauch Rosenkohl Chinakohl Grünkohl Champi-gnons	Grünkohl Chicorée

	Frühling	Sommer	Herbst	Winter
Gemüse				
		Gurken Wirsing Fenchel Lauch Aubergine Chinakohl Sellerie Frühlingszwiebeln Rotkohl		
Salate				
	Lollo Rosso Eichblattsalat Kopfsalat Kresse & Brunnenkresse Rucola	Kopfsalat Romana-Salat Lollo Rosso Radicchio Rucola Endiviensalat	Feldsalat Eisbergsalat	Kresse

Wertvolle Tipps für die praktische Umsetzung deiner Basen-Ernährung

Basen-Office-Lunch – Deine Must-haves für das Büro:

- Verschiedene Teesorten
- Nüsse
- ungezuckertes Müsli
- ungezuckerte Maiswaffeln
- Gemüsebrühe ohne Zusatz von Konservierungsstoffen und Geschmacksverstärker

Clever planen und zeitsparend den Berufsalltag gestalten

Nimm Dir einfach ein wenig Zeit und mach Dir zunächst einmal ein paar Gedanken und Notizen: Was möchtest Du am nächsten Tag sowie in den darauffolgenden Tagen essen? Möchtest die Gerichte für einen, für zwei oder sogar für mehrere Tage vorbereiten?
Als Meal-Prep Beginner solltest Du zunächst einmal für zwei Tage vorkochen, als Profi kannst Du dann schon die gesamte Arbeitswoche vorbereiten.
Überlege Dir, welche Mahlzeiten Du am liebsten mitnehmen möchtest. Ist das Frühstück oder das Mittagessen für Dich die wichtigere Mahlzeit?

Richtig einkaufen

Wenn du nun weißt, was Du essen und kochen möchtest, steht im Grunde die Einkaufsliste. Natürliche und basische Gerichte unterstützen Dich im Kampf gegen die Übersäuerung, steigern Deine Leistungsfähigkeit und Konzentrationsfähigkeit und helfen Dir sogar, überschüssiges Fett loszuwerden.

Food, das Dich leistungsfähig und fit macht, macht Dich gleichzeitig auch glücklich!

In diesem Buch findest Du einfache, alltagstaugliche, aber auch sehr leckere Rezeptideen, die Du leicht vorbereiten und rundum genießen kannst.

Kaufe am besten immer an denselben Tagen ein und zwar an solchen, an denen Du nicht sehr gestresst bist und nur von einem Termin zum nächsten hetzt.

Um eine optimale basische Ernährung zu erzielen, solltest Du auch auf die Nahrungsmittelqualität achten. Am besten greifst Du zu saisonalen und zu regionalen Produkten – und das in einer hohen Bio-Qualität. Nahrungsmittel aus kontrolliert biologischem Anbau sind nicht so stark mit Pestiziden und Keimen belastet und enthalten auch weniger Nitrat. Auch Gentechnik ist bei Bio-Anbietern tabu. Damit tust Du nicht nur Deinem Körper etwas richtig Gutes, sondern übernimmst gleichzeitig soziale und ökologische **Verantwortung**.

Zeitsparende Gestaltung

Das ist im stressigen Berufsalltag besonders wichtig, denn Zeit ist ein besonders wertvolles Gut. Plane daher die Zeit zum Einkaufen und zum Vorkochen besonders gut ein und lege das auf einen Tag, an dem Du nicht schon bis oben voll mit Terminen bist. Eine gesunde Ernährung muss in Dein Leben passen und zwar als ein ganz natürlicher Bestandteil. Es geht nicht darum, dass Dich eine gesunde Basen-Ernährung im Alltag beeinträchtigen oder behindern soll. Im Gegenteil: Sie soll Deine Leistungsfähigkeit, Dein Wohlbefinden und Deine Zufriedenheit fördern.
Du kannst viel wertvolle Zeit einsparen, wenn Du Arbeitsschritte zusammenlegst, die Vorratskammer zuhause richtig bestückst und mit dem richtigen Werkzeug ausgerüstet bist.

Deine Basis-Ausstattung für eine entspannte basische Ernährung im Berufsalltag

- Scharfe Messer aus rostfreiem Edelstahl
- Digitale Waage oder Portionslöffel zum Abmessen: Das ist sehr wichtig, denn vor allem, wenn Du mit der basischen Ernährung ein wenig Gewicht reduzieren möchtest, musst Du die genaue Kontrolle über Deine Mahlzeitenportionen haben.
- Schneebesen
- Gemüseschäler
- Reibe
- Pürierstab
- Kartoffelstampfer
- Rührschüsseln
- Gratin-Form
- Pfanne, Töpfe (mit Deckel)
- Schneidebretter
- Tupperdosen
- Gläschen
- Lunchboxen
- Mikrowellen-geeignetes Geschirr „To-Go“

Auch ein Gemüseschneider ist eine sehr sinnvolle Anschaffung! Damit kannst Du Früchte und Gemüse im Handumdrehen in Stifte, Achtel, Viertel, oder Würfel schneiden. Mit einem herkömmlichen Messer kann das deutlich länger dauern.

Weitere Zeitspar-Tipps:

Je kleiner Du Gemüse und Obst schneidest, desto schneller wird es im Topf, im Backofen oder in der Pfanne gar.

Alle Temperaturangaben für **Rezepte mit Backofenzubereitung** sind auf die Einstellung **„Ober- und Unterhitze“** angegeben. Heize den Backofen vor, um die Garzeiten zu verkürzen.

Alle **Nährwertangaben** beziehen sich immer auf **eine Portion**.

Vergiss beim Kochen, Dünsten und Schmoren nicht, den Deckel aufzulegen! Auf einem Elektroherd braucht 1 Liter Wasser mit Deckel zwischen 7 und 10 Minuten, bis es kocht. Ohne Deckel dauert es doppelt so lange! Mit einem Wasserkocher geht es natürlich noch schneller!

Übrigens: Salz erst ins Wasser geben, wenn es kocht. Salzwasser braucht insgesamt länger bis es den Siedepunkt erreicht hat!

Kommuniziere die gesunde Umstellung Deiner Ernährungsgewohnheiten, also erzähle auch Deinen Freunden, Deiner Familie oder Kollegen davon. Wenn Sie wissen, wie wichtig das für Dich ist, unterstützen sie Dich mit Sicherheit in Deinem Vorhaben. So achten sie zum Beispiel bestimmt darauf, ob das Restaurant für das gemeinsame Freunde-Essen zum Feierabend, auch ausreichend basische Gerichte bietet.

Mit der Unterstützung Deiner Umgebung bist Du umso motivierter und kommst noch leichter an Dein Ziel!

Smart kochen

Lies Dir am besten die komplette Rezeptzubereitung einmal durch, bevor Du mit dem Kochen loslegst. So passieren keine unnötigen „Fehler“, Pausen oder Zeitverzögerungen, wie zum Beispiel *„Oh je, das Wasser hätte ich schon aufkochen müssen“* oder *„Oh, ich habe vergessen Avocados zu kaufen“*.

Noch mehr Tipps für Deine basische Ernährung

- Auf die Kombination kommt es an: Auch Proteine sind wichtig für Deinen Körper, daher solltest Du sie nicht komplett vom Speiseplan entfernen! Ebenso wie komplexe Kohlenhydrate.
  Denke hier aber an die 80-20-Regel: 80 % basenbildende und 20 % säurebildende Lebensmittel.
  Iss also zu jeder Mahlzeit basische Nahrungsmittel wie Salat, Gemüse oder frische Früchte.

- Auch Fleisch und Fisch sind sehr wichtige Nährstofflieferanten. Vermeide sie nicht sofort, sondern reduziere schrittweise die Säurelast und schaffe vor allem einen gesunden Ausgleich durch basenreiche Lebensmittel.

- Denke daran, rund zwei- bis viermal so viel Gemüse zu essen wie zuvor, denn das gleicht die Säurebelastung im Organismus aus.

- Kartoffeln sind top Basenlieferanten!

- Iss Dich nicht mit säurebildenden Nahrungsmitteln wie zum Beispiel Brot satt.

- Verzichte auf sättigende Teigwaren-Beilagen wie Nudeln oder Klöße.

- Verzichte auf Zucker, Softdrinks und Fertiggerichte.

- Gewöhne Deinen Körper und Deine Verdauung an Essenspausen zwischen den Mahlzeiten.

- Entscheidest ist, was für Nahrungsmittel Du auf Deinem Teller hast und nicht unbedingt wann Du Deine Mahlzeiten zu dir nimmst.

- Vermeide gehärtete und lang erhitzte Fette.

- Vermeide panierte und frittierte Gerichte.

- Nutze hochwertige Öle z. B. „Olivenöl extra nativ" für die Salate und zum Braten Öle die bis zu 220 Grad geeignet sind, z. B. „Raffiniertes Olivenöl". Hochwertige Öle sind bis zu maximal 180 Grad geeignet.

- Frische Früchte kannst Du durch tiefgekühlte Obst- und Gemüsewaren ersetzen.

- Verzichte auf jegliche Zusätze.

- Denk basisch: Achte auf die richtige Nahrungsmittelauswahl und vergiss dabei nicht, auf ausreichend Entspannung und Stressausgleich zu achten.

- Alle Zeitangaben bei den Rezepten beziehen sich auf die geschätzte Arbeitszeit. Gar-, Einwirk- und Ruhezeiten sind je nach Größe der Zutaten und der Wunsch-Garstufe hinzuzurechnen.

„Wer stark, gesund und jung bleiben will, sei mäßig, übe den Körper, atme reine Luft und heile sein Weh eher durch Fasten als durch Medikamente."

Hippokrates

Zucker – ein bedeutender Entstehungsfaktor für eine Übersäuerung

Zu viel Zucker und verarbeitete Nahrungsmittel können auf lange Sicht einen unausgeglichenen Säure-Basen-Haushalt bewirken.

Wäre es nicht praktisch, wenn man einfach nach Lust und Laune Süßes essen könnte, ohne schädlichen Zucker zu sich zu nehmen? Künstliche Süße wirkt da wie die perfekte Lösung: Sie schmeckt verführerisch, hat wenig oder gar keine Kalorien und verspricht Genuss ohne Reue. Insgesamt 19 Süßungsmittel sind derzeit in der EU zugelassen, acht Zuckeraustauschstoffe und elf Süßstoffe.

Süßstoffe sind praktisch kalorienfrei und schmecken deutlich süßer als herkömmlicher Haushaltszucker, haben aber meistens einen unangenehmen Beigeschmack.

Zuckeraustauschstoffe gleichen dem Haushaltszucker in der Struktur, sie enthalten aber immer noch Kalorien (wenn auch deutlich weniger) und besitzen eine geringere Süßkraft. Gesund sind diese Zuckeraustauschstoffe allerdings nicht wirklich.

Zum industriellen Zuckerersatz gehört:

Birkenzucker

Dieser Zuckerersatz wird auch als Xylitol oder Xylit bezeichnet. In Zutatenlisten wird dieser Zuckeraustauschstoff unter dem Kürzel E967 geführt. Birkenzucker wird in einem mehrstufigen chemischen Extraktionsprozess aus Holz und Rinde von Harthölzern oder aus Maiskolben hergestellt. Er ist in Pulverform erhältlich. Xylit liefert 40 Prozent weniger Kalorien als normaler Haushaltszucker, die enthaltenen Kohlenhydrate werden vom Körper nicht aufgenommen – der Stoff wirkt sich somit kaum auf den Blutzuckerspiegel aus. In großen Mengen kann er aber abführend wirken.

Erythrit

Dieser Stoff gehört ebenso wie Xylitol zu den Zuckeraustauschstoffen und ist ebenfalls ein Zuckeralkohol – der Einzige im Übrigen, der kalorienfrei ist. Es handelt sich um ein weißes, kristallines Pulver, das nicht nur ähnlich aussieht wie Zucker, sondern auch ganz ähnlich schmeckt. Auf der Zunge ist ein leicht kühlender Effekt zu spüren.

Stevia

Steviaglycosid – auch Süßkraut genannt, stammt aus den Blättern der Pflanze Stevia. Die Blätter sind etwa 30-mal süßer als herkömmlicher Zucker und haben einen leicht bitteren Nachgeschmack. Der daraus gewonnene kalorienfreie Süßstoff ist bis zu 300-mal süßer als Zucker. Stevia ist hochverarbeitet und aufgrund seines Eigengeschmacks absolut nicht jedermanns Sache.

Durch Zuckerersatz entsteht das Gefühl, viele Kalorien eingespart zu haben. Infolgedessen neigt man dazu, dies durch weiteres Essen zu kompensieren, so nach dem Motto: Hier darf ich mir nun in Ruhe etwas gönnen. Doch das ist falsch, denn so wird die erlaubte Energiebilanz sehr leicht überschritten.

Viele chemisch hergestellte Süßstoffe können zudem wichtige körperinterne Prozesse beeinträchtigen. Der Organismus hat gelernt, den süßen Geschmack mit einem Anstieg des Blutzuckerspiegels sowie mit einer Kalorienzufuhr zu verbinden. Bleibt diese Zuckerzufuhr jedoch aus, kann es zum Beispiel zu Störungen des Hormonstoffwechsels kommen, denn ohne einen hohen Blutzuckerwert muss auch kein Insulin ausgeschüttet werden. Die Folge sind unerwünschte Heißhungerattacken und bei denen wird leider viel zu oft zu säurebildenden Nahrungsmitteln gegriffen!

Der sehr intensive Süßgeschmack kann langfristig den Geschmackssinn stumpf werden lassen und die Lust auf Süße steigt immer mehr! Alle künstlichen Süßungsmittel haben eine Wirkung auf die Geschmacksrezeptoren der Zunge und rufen bestimmte neuronale Schaltungen im Gehirn hervor. Auf diese Weise können auch diese Zuckerersatzstoffe die „Zuckersucht" fördern.
Du kannst diese künstlichen Zucker aber durch natürliche Alternativen ersetzen!

<u>Hierzu gehören zum Beispiel:</u>

Honig

Honig ist ein Naturprodukt, doch was die Kalorien anbelangt, steht Honig normalem Zucker in absolut nichts nach. Der Blutzuckerspiegel steigt nach dem Verzehr genauso an wie nach Zucker!
Doch Honig hat eine stärkere Süßkraft, sodass Du davon mengenmäßig weniger brauchst als von herkömmlichem Zucker. Zudem kann der Eigengeschmack einen zu hohen Verzehr verhindern. Ebenso enthält Honig wertvolle Antioxidantien, B-Vitamine, Vitamin C, Eisen, Kalium, Kalzium und Magnesium. Allerdings wirken diese kostbaren Inhaltsstoffe nur, solange der Honig nicht erhitzt wird.

Apfeldicksaft und Birnendicksaft

Unter dem Dicksaft aus Früchten – egal ob aus Birnen oder Äpfeln – versteht man den sehr hoch konzentrierten, eingedickten Fruchtsaft. Es handelt sich also um ein natürliches Produkt, das weniger stark als Haushaltszucker süßt und einen gewissen Eigengeschmack aufweist. Nachteil: Jedes Obst enthält mehr oder weniger Fruktose und ein hoher Fruchtzuckerkonsum ist ebenso nicht gesundheitsfördernd. Dicksäfte gelten als schlechte Säurebildner.

Dattelsirup

Hierbei handelt es sich um einen rotbraunen Sirup, der aus eingekochten Datteln hergestellt wird. Dattelsirup hat eine deutlich intensivere Süßkraft als Zucker, weshalb er sparsam eingesetzt werden sollte. Dieser Sirup schmeckt fruchtig-süß und passt somit nicht nur zu süßen Speisen, sondern perfekt auch zu herzhaften Gerichten.
Dattelsirup ist sehr mineralstoffreich und soll antibakterielle Eigenschaften haben: Somit ist er nicht nur eine sehr leckere Süßungsalternative, sondern auch eine sehr gesunde.

Zuckerrübensirup

Der auch als Rübenkraut bekannte Sirup ist im Vergleich zum Ahornsirup dunkler und zähflüssiger, bleibt aber bei Zimmertemperatur noch streichzart. Er eignet sich als Brotaufstrich oder als Zuckerersatz beim Kochen und Backen, wegen seines herbsüßen Geschmacks kann man ihn außerdem als Würze für Salatsaucen verwenden.
Neuerdings findet man auch (schwarze) Melasse – in cremiger oder bröseliger Form – in den Supermarktregalen. Dieser Stoff der Zuckerherstellung ist nicht so süß wie das weiße Endprodukt und schmeckt deutlich herber.

Kokosblütenzucker

Hierbei handelt es sich um einen krümeligen, braunen Zucker, der aus den Blüten der Kokospalme extrahiert wird. Kokosblütenzucker ist unraffiniert und enthält daher sehr viele Aminosäuren, Antioxidantien, Mineralien und Vitamine im Vergleich zu normalem Haushaltszucker. Zudem steckt in Kokosblütenzucker reichlich Inulin, ein sehr wertvoller Ballaststoff. Diese Zuckeralternative hat ein wunderbares Kaffee-Karamell-Aroma, aber eine etwas geringere Süßkraft als normaler Zucker.

Reissirup

Mithilfe von natürlichen Reis-Enzymen wird dieser Sirup hergestellt, der viele sogenannte darmfreundliche Oligosaccharide, also Mehrfachzucker enthält und zudem viele Mineralien und Proteine. Reissirup ist vollkommen fruchtzuckerfrei und enthält auch kein Gluten. Diese Zuckeralternative hat ein sehr mildes Aroma und eine Süßkraft, die nur in etwa halb so stark ist wie die von normalem Zucker.

Ahornsirup

Dieser Saft wird aus dem Ahornbaum extrahiert, gefiltert und eingekocht. Er hat einen intensiv-kräftigen, karamellartigen Geschmack und süßt nicht nur Waffeln, Pfannkuchen oder andere süße Speisen, sondern kann auch ideal zum Backen verwendet werden. Je heller der Ahornsirup ist, desto wertvoller ist er. Ahornsirup hat einen glykämischen Index von etwa 55 und liegt somit ein wenig unter dem normalen Haushaltszucker; hat jedoch eine stärkere Süßkraft. Ahornsirup liefert zahlreiche wertvolle Mineralstoffe wie zum Beispiel Magnesium, Kalium oder Eisen, hat aber auch einen ziemlich hohen Fruchtzuckergehalt, weshalb er vor allem von Menschen mit einer Intoleranz oft gar nicht vertragen wird.

Trockenfrüchte

Bei Trockenobst handelt es sich um Früchte, denen durch Dörren die Feuchtigkeit entzogen wurde, bis auf einen Rest von etwa 20 Prozent. Trockenobst hat einen sehr hoch konzentrierten Fruchtzuckergehalt und sollte daher auch beim Backen in nicht zu großen Mengen verwendet werden. Dennoch sind Trockenfrüchte sehr gesund, denn sie enthalten neben wertvollen Mineralien und Vitaminen auch jede Menge wichtige Ballaststoffe: Diese halten lange satt und fördern zudem die körpereigenen Verdauungsprozesse. Zudem sind Trockenfrüchte basisch und ein wunderbarer Snack im Rahmen Deiner Basen-Ernährung!

Rezeptübersicht

~ Basic-Rezepte ~

~ Frühstück ~

~ Shakes & Smoothies ~

~ Leckere Salate ~

~ 20-Minuten Express Gerichte ~

~ Suppen ~

~ Mittag- und Abendgerichte ~

~ Schnelle Brot- und Kuchenrezepte ~

~ Fruit Infused Water / Basische Wasser~

Basische Rezepte für Deine basenbasierte Ernährung im Berufsalltag

Basic-Rezepte

Bevor es mit den eigentlichen basischen Rezepten losgeht, haben wir hier einige Grundrezepte für Dich. Sie erleichtern Dir Deine basenbasierte Ernährung und unterstützen Dich, im hektischen Berufsalltag nicht zu Fertigprodukten greifen zu müssen.

So kannst Du Dich problemlos gesund und basisch ernähren, ausreichend Kraft und Energie für Deinen fordernden Berufsalltag tanken sowie den Tag in vollen Zügen genießen.

Selbstgemachter Mandeldrink

595 kcal | 4 g Kohlenhydrate | 19 g Eiweiß | 53 g Fett

500 ml | 10 Min. | leicht

Zutaten:

- 100 g ungeschälte Mandeln
- 500 ml Wasser

Zubereitung:

1. Gib die Mandeln in eine Schüssel zum Einweichen und bedecke sie mit Wasser.
2. Gieße am nächsten Tag das Wasser ab und spüle die Mandeln unter fließendem Wasser gut ab.
3. Nun die Mandeln zusammen mit 500 ml frischem Wasser in einen hohen Standmixer geben. Auf niedrigster Stufe mit dem Mixvorgang beginnen und dann schrittweise nach oben fahren. Mixe alles schön kräftig durch, bis die Mandeln ganz fein zerkleinert sind.
4. Filtere dann diese Mischung mithilfe eines Kaffeefilters oder einer sauberen Nylon-Strumpfhose.
5. Fülle den Mandeldrink in eine Flasche und bewahre sie 1 - 2 Tage lang im Kühlschrank auf.

Hinweis:

In der EU dürfen Milchalternativen nicht als „Milch“ bezeichnet werden, da diese nicht gemolken werden. Es gelten aber Ausnahmen wie beispielweise Kokosmilch. Sprich wenn Du von Mandelmilch hörst, ist der Mandeldrink gemeint.

Tipp:

Alternativ kannst Du auch den im Handel erhältlichen „Mandeldrink“ kaufen, Du solltest aber zwingend darauf achten, dass dieser „ungesüßt“ ist!

Selbstgemachtes Mandelmus

293 kcal | 4 g Kohlenhydrate | 13 g Eiweiß | 25 g Fett

400 g | 25 - 30 Min | leicht

Zutaten:

- 400 g Mandeln (für weißes Mandelmus geschälte Mandeln, für braunes Mandelmus ungeschälte Mandeln verwenden)

Zubereitung:

1. Gib die Mandeln in einen leistungsstarken Mixer und mixe alles so lange, bis ein weiches und schön cremiges Mandelmus entstanden ist.
2. Fülle es dann in ein Schraubglas.

Hinweis:

Im Kühlschrank kannst Du es 7 bis 14 Tage aufbewahren.

Tipp:

Es kann sein, dass während des Mixvorgangs die Mandelmasse häufiger am Gefäßrand hängen bleibt. Halte den Mixer dann kurz an und schiebe die Mandeln mit einem Teigschaber nach unten. Durch die hohen Umdrehungen des Standmixers wird das Mandelmus ganz langsam und moderat erwärmt: Das fördert zwar auf der einen Seite die Freisetzung der wertvollen enthaltenen Öle, doch auf der anderen Seite verringert Hitze die Mandelmus-Qualität. Das bedeutet, dass also wertvolle inhaltliche Bestandteile zerstört werden.

Aus diesem Grund ist es wichtig, dass Du den Mixer zwischendurch immer wieder anhältst und das Mus im Behälter abkühlen lässt. Wiederhole den Mixvorgang dann schrittweise so lange, bis ein Mus entstanden ist.

Selbstgemachte Gemüsebrühe im Glas

221 kcal | 35 g Kohlenhydrate | 14 g Eiweiß | 4 g Fett

200 g | 25 Min. | leicht

Zutaten:

- 400 g Möhren
- 400 g Knollensellerie
- 400 g Staudensellerie
- 3 große Küchenzwiebeln (weiß)
- 25 g Salz

Zubereitung:

1. Schäle zunächst einmal das Gemüse.
2. Reibe dann die Möhren und den Knollensellerie und drücke beides gut aus.
3. Den Staudensellerie in sehr dünne Streifen schneiden und die Blätter ganz fein hacken.
4. Auch die Küchenzwiebeln schälen und in dünne Streifen schneiden.
5. Lege nun das gesamte Gemüse auf ein mit Backpapier ausgelegtes Blech.
6. Heize den Backofen vor und trockne das Gemüse bei 80 Grad Ober- und Unterhitze ungefähr 3 bis 4 Stunden lang. Halte den Ofen in dieser Zeit mithilfe eines Kochlöffels einen ganz kleinen Spalt weit geöffnet, damit der entstehende Dampf entweichen kann.
7. Fülle das getrocknete Gemüse anschließend in einen Mörser oder in eine Küchenmaschine. Füge das Salz hinzu und zerkleinere/mörsere alles schön fein. Anschließend in ein luftdichtes Glas verpacken.
8. Je nach gewünschter geschmacklicher Intensität brauchst Du 1 TL dieser Gemüsebrühe für 250 ml Wasser.

Hinweis:

Du brauchst für die Herstellung dieser Gemüsebrühe mindestens 600 g frisches Gemüse, doch Du kannst die Zutaten ganz nach Deinen Vorlieben frei verteilen: So kannst Du zum Beispiel mehr Möhren verwenden und weniger Knollensellerie. Auch Pastinaken eignen sich sehr gut und können in diesem Grundrezept einen Teil des Knollen- oder Staudenselleries ersetzen.

Alternativ kannst Du auch die im Handel erhältliche „Bio-Gemüsebrühe" kaufen, Du solltest aber zwingend darauf achten, dass diese „ohne Hefe und Geschmacksverstärker" ist!

Dattelpaste zum Süßen – die gesunde Zuckeralternative

185 kcal | 41 g Kohlenhydrate | 3 g Eiweiß | 1 g Fett

450 g | 5 Min. | leicht

Zutaten:

- 250 g entsteinte und getrocknete Datteln
- 220 ml Wasser

Zubereitung:

1. Gib die Datteln zusammen mit dem Wasser in eine leistungsstarke Küchenmaschine und mixe alles zu einer cremigen Paste.
2. Fülle diese Paste dann in ein Schraubglas und bewahre sie im Kühlschrank auf. Kühl gelagert hält sich die süße Dattelpaste rund eine Woche lang.

Zuckerfreier Ketchup

179 kcal | 30 g Kohlenhydrate | 13 g Eiweiß | 2 g Fett

500 ml | 10 Min. | leicht

Zutaten:

- 500 ml passierte Tomaten
- 3 EL Tomatenmark
- 1 TL Paprikapulver, edelsüß
- Prise Meersalz
- Prise Pfeffer
- 1 EL Saft einer unbehandelten Zitrone
- Nach Belieben: 1 Knoblauchzehe

Zubereitung:

1. Vermische alle Zutaten gut miteinander.
2. Wenn Du Dein Ketchup mit ein wenig Knoblauch verfeinern möchtest, presse es am besten durch eine Knoblauchpresse. So wird es schön fein.
3. Fülle den Ketchup dann in ein Schraubglas und bewahre es im Kühlschrank auf.

Hinweis:

Wenn Du kein Tomatenmark magst, kannst Du es auch weglassen, doch dieser sorgt für einen noch aromatischeren Tomatengeschmack Deines Ketchups.

Wenn Du Curry-Ketchup magst, kannst Du einfach zu den oben genannten Zutaten noch 1 - 2 TL Currypulver hinzugeben.

Frühstück

Das Frühstück ist bekanntermaßen die wichtigste Mahlzeit des Tages. Vor allem im stressigen Berufsalltag muss es schnell gehen, aber dennoch gesund sein.

Über die Nachtstunden hat der Organismus alle Nährstoffe verwertet und die Energieressourcen aufgebraucht. Wer nun morgens auf das Frühstück verzichtet, riskiert schon bald unangenehme Heißhungerattacken und diese bringen langfristig nicht nur das Körpergewicht aus dem Gleichgewicht, sondern auch den Säure-Basen-Haushalt.

Unterwegs sind wir dann häufig nur mit ungesunden, säurebildenden und sehr kalorienreichen Nahrungsmitteln konfrontiert. Doch die gute Nachricht ist, dass Du Dich auch in Deinem stressigen Berufsalltag ausgewogen, gesund und basisch ernähren kannst. Organisation ist dabei das A und O. Es gibt viele Frühstücksideen, die Du schnell morgens noch vor der Arbeit zubereiten kannst. Ebenso ist Meal-Prep ein wichtiges Stichwort. Ideal sind zum Beispiel Overnight Oats: Diese kannst Du am Vorabend leicht und schnell zubereiten und über Nacht in den Kühlschrank stellen. Am nächsten Morgen schnappst Du Dir Dein gesundes und basisches Frühstück und hast einen vitalstoffreichen und energiegeladenen Start in den Tag.

Auch frische Früchte sind eine ausgezeichnete Frühstücks-Variante. Richte es Dir schön auf einem Teller an, dann ist es appetitanregender, denn bekanntlich isst das Auge mit. Auch zum Mitnehmen ist der Obstsalat bestens geeignet.

Viel Spaß beim Ausprobieren der Frühstücksrezepte!

Basische Beeren-Pfannkuchen

384 kcal | 19 g Kohlenhydrate | 18 g Eiweiß | 23 g Fett

2 Port. 15 Min. leicht

Zutaten:

- 60 g Mandelmehl
- 1 TL Stevia-Pulver
- 1 ½ TL Natron-Backpulver
- ½ TL frisch geriebene Muskatnuss
- 125 ml Kokosmilch
- Prise Salz
- ½ zerdrückte mittelgroße Banane
- 1 EL Bio-Butter
- 50 g Erdbeeren (geputzt und kleingeschnitten)
- 50 g Himbeeren
- 50 g Heidelbeeren

Zubereitung:

1. Gib das Mandelmehl mit dem Stevia-Pulver, dem Natron-Backpulver und der Muskatnuss in eine Küchenschüssel. Gib dann noch eine Prise Salz hinzu.
2. Vermische nun die zerdrückte Banane mit der Kokosmilch.
3. Gib nun das Bananen-Kokosmilch-Gemisch in die Mitte der Mehl-Backpulver-Mischung.
4. Mixe hier alle Zutaten ordentlich durch, bis ein glatter Teig entsteht.
5. Erhitze dann in einer Pfanne die Butter. Backe aus dem Teig einzeln die Pfannkuchen aus.
6. Serviere die fertigen Pfannkuchen mit den frischen Beeren.

Hinweis:

Butter in Bio-Qualität wird als „neutral“ eingestuft und gilt nicht als Säurebildner. Alternativ kannst Du auch Mandelbutter verwenden.

Tipp:

Dieses Frühstück kannst Du prima am Vorabend vorbereiten und am nächsten Morgen bequem in einer Tupperdose mit in Deine Arbeit nehmen. Es schmeckt herrlich gut und spart Dir morgens viel Zeit.

Grapefruit-Buchweizen-Porridge

425 kcal | 73 g Kohlenhydrate | 11 g Eiweiß | 8 g Fett

1 - 2 Port. 20 Min. leicht

Zutaten:

- 100 ml Wasser
- 90 g Buchweizen
- ½ EL Zimt
- 500 ml ungesüßter Mandeldrink siehe „Basic-Rezept“
- 1 EL Mandelbutter
- 1 geschälte und geschnittene Grapefruits

Zubereitung:

1. Vermische das Wasser mit dem Buchweizen. Lasse es aufkochen, bis der Buchweizen das gesamte Wasser aufgesaugt hat.
2. Lasse den Buchweizen noch 5 Minuten weiterköcheln und gib anschließend den Mandeldrink hinein. Rühre kräftig um.
3. Gib zum Schluss den Zimt und die Mandelbutter ins Porridge.
4. Richte das Buchweizen-Porridge in Müslischalen an und garniere es mit der frischen Grapefruit.

Overnight Chia Pudding mit Beeren

189 kcal | 5 g Kohlenhydrate | 8 g Eiweiß | 12 g Fett

2 Port. 15 Min. leicht

Zutaten:

- 300 ml ungesüßter Mandeldrink siehe „Basic-Rezept“
- 4 EL Chiasamen
- 1 kleine Banane
- 250 g gemischte Beeren (Heidelbeeren, Johannisbeeren, Himbeeren)
- 20 g geschälte Mandeln
- 1 EL Amaranth gepoppt
- Minze-Blättchen (nach Belieben)
- Honig zum Süßen (nach Belieben)

Zubereitung:

1. Verteile den Mandeldrink auf zwei Gläschen oder Schälchen.
2. Rühre jeweils 2 EL Chiasamen in jedes Gläschen und rühre anfangs nach 10 Minuten immer wieder um, damit sich keine Klümpchen bilden. Stelle es dann über Nacht zum Quellen in den Kühlschrank.
3. Schäle am nächsten Tag schnell die Banane und wasche die Beeren. Püriere die Früchte oder gib sie als Ganzes zusammen mit dem gepoppten Amaranth über den Chia-Pudding.
4. Das Gläschen verschließen und mitnehmen.

Hinweis:

Der Chia Pudding mit Beeren eignet sich gut zum Vorbereiten für den nächsten Tag. Zusätzlicher Zeitaufwand: Die Chiasamen sollten eine Nacht im Kühlschrank quellen.

Tipp:

Wenn Du möchtest, kannst Du es vor dem Verzehr noch mit 1 EL Honig süßen und mit den Minze-Blättchen garnieren.

Overnight Avocado-Schokoladenmus

362 kcal | 3 g Kohlenhydrate | 7 g Eiweiß | 33 g Fett

2 – 4 Port. 15 Min. leicht

Zutaten:

- 30 g Backkakao / Rohkakao
- 1 mittelgroße, entsteinte und geschnittene Avocado
- 150 ml ungesüßter Mandeldrink siehe „Basic-Rezept“
- 1 EL Vanille-Extrakt
- 20 g Mandeln (in Wasser eingeweicht)
- 1 TL Ahornsirup

Zubereitung:

1. Gib alle Zutaten in einen Mixer und zerkleinere sie so fein es geht, bis eine einheitliche Masse entsteht.
2. Fülle die Creme dann in zwei Schraubgläser und lass sie über Nacht im Kühlschrank ruhen.
3. Am nächsten Tag kannst Du Dein Avocado-Mus ganz bequem mitnehmen.

Hinweis:

Das Avocado-Schokoladenmus eignet sich gut zum Vorbereiten für den nächsten Tag.

Die Vitaminpower – Bunter Fruchtsalat

389 kcal | 85 g Kohlenhydrate | 8 g Eiweiß | 5 g Fett

2 Port. | 15 Min. | leicht

Zutaten:

- 150 g Erdbeeren
- 100 g Heidelbeeren
- 100 g Brombeeren
- 220 g Kirschen
- 120 g Himbeeren
- 200 g Weintrauben (hell und dunkel)
- 2 Stück blaue Pflaumen
- 1 mittelgroße Banane

Zubereitung:

1. Wasche die Erdbeeren, entferne den Stielansatz und schneide die Früchte in Hälften.
2. Wasche nun die Beeren und die Kirschen. Die Kirschen anschließend entsteinen.
3. Schäle die Banane und schneide sie in Scheiben.
4. Entkerne auch die Pflaumen und schneide sie in Spalten.
5. Richte das Obst schön in einem Schälchen an und genieße die Extraportion Vitamine für einen energiereichen Start in den Tag.

Himbeer-Erdmandel-Porridge

304 kcal | 33 g Kohlenhydrate | 6 g Eiweiß | 16 g Fett

2 Port. 15 Min. leicht

Zutaten:

- 300 ml ungesüßter Mandeldrink siehe „Basic-Rezept“
- 8 EL Erdmandelflocken
- 1 TL Mandelmus „Basic-Rezept“
- 150 g Himbeeren

Zubereitung:

1. Bringe zunächst einmal den Mandeldrink in einem Topf zum Kochen.
2. Rühre dann die Erdmandelflocken unter. Mach den Herd nun aus und lass das Porridge noch ungefähr 10 Minuten lang quellen.
3. Rühre das Mandelmus in das Porridge unter und fülle alles in zwei Schüsselchen.
4. Wasche die Himbeeren und gib sie als Topping über das Erdmandel-Porridge.
5. Dieses Frühstück kannst Du wunderbar vor Deinem Arbeitstag genießen, denn die Mandeln sorgen für einen ausgezeichneten und langanhaltenden Satt-Effekt und schenken Dir viel Energie für Deinen Vormittag.

Bananen-Apfelmus „Breakfast-To-Go"

171 kcal | 35 g Kohlenhydrate | 3 g Eiweiß | 4 g Fett

4 - 6 Port. 20 Min. leicht

Zutaten:

- 2 kg säuerlich-süße Äpfel (zum Beispiel Boskoop)
- 2 kleine Bananen
- 35 g gehackte Mandeln
- 1 Vanilleschote

Zubereitung:

1. Schäle und entkerne zunächst die Äpfel und schneide sie in kleine Stückchen. Je kleiner die Stückchen sind, desto kürzer ist auch die anschließende Kochzeit und somit verbleiben noch mehr Vitamine im Obst.
2. Gib die Apfelstücke nun in einen Topf. Schneide mit einem Messer die Vanilleschote der Länge nach auf und kratze vorsichtig das Mark heraus. Gib die leere Vanilleschote ebenfalls in den Topf.
3. Erwärme nun alles bei mittlerer Hitzezufuhr und rühre hin und wieder um.
4. Nach einigen Minuten mit einem spitzen Messer die Apfelstückchen probeweise einstechen: Wenn sie problemlos von der Messerklinge rutschen sind sie gar und Du kannst sie von der Feuerstelle nehmen.
5. Entferne die leere Vanilleschote und püriere die Äpfel mithilfe eines Stabmixers.
6. Schäle nun die Bananen, zerdrücke sie mit einer Gabel und gib sie zu den pürierten Äpfeln hinzu. Mit dem Stabmixer nochmals feincremig pürieren.
7. Fülle anschließend das Apfelmus in ein gut verschließbares Schraubglas.
8. Für das To-Go-Frühstück: einfach ein wenig Apfelmus in Deinen To-Go-Becher abfüllen. Zum Schluss noch die gehackten Mandeln darüber streuen, denn diese sorgen für einen extra leckeren Crunch.

Tipp:

Dieses Frühstück ist ideal für Deinen Berufsalltag geeignet. Du kannst es prima auf Vorrat vorbereiten und zudem in einem To-Go-Becher ganz unkompliziert mitnehmen. Es schmeckt zudem nicht nur zum Frühstück, sondern ist auch als basische Snack-Idee geeignet.

Du kannst die Äpfel natürlich ungeschält verwenden, doch dann bekommt das Apfelmus eine leicht „bröckelige" Konsistenz. Der Pürierstab kann die Apfelschalen nämlich nicht so gut zerkleinern.

Basische Blaubeer-Muffins

450 kcal | 26 g Kohlenhydrate | 32 g Eiweiß | 20 g Fett

2 Port. 20 Min. leicht

Zutaten:

- 100 g Mandelmehl
- 4 EL Kokosnuss-Raspeln
- 1 mittelgroße, zerstampfte Banane
- 1 TL Vanille-Extrakt
- 100 g Heidelbeeren
- 120 ml ungesüßter Mandeldrink siehe „Basic-Rezept"
- 30 g Mandeln
- 2 TL Natron-Backpulver
- Muffin-Förmchen

Zubereitung:

1. Heize zunächst einmal den Backofen vor.
2. Vermische dann in einer Küchenschüssel das Mandelmehl mit den Kokosnuss-Raspeln und dem Backpulver.
3. Anschließend in einer separaten Schüssel die zerdrückte Banane mit den Mandeldrink und dem Vanille-Extrakt vermischen.
4. Gib nun die Bananen-Mischung in die Mehlmischung hinein und rühre vorsichtig um.
5. Zum Schluss noch die Heidelbeeren vorsichtig in den Muffin-Teig hineingeben.
6. Fülle diese Backmischung in Deine Muffin-Förmchen und backe die basischen Muffins 25 Minuten lang bei 180 Grad.
7. Du kannst diese Heidelbeer-Muffins kalt oder auch ofenwarm genießen.

Marmorierte Frühstückswaffeln

138 kcal | 27 g Kohlenhydrate | 4 g Eiweiß | 2 g Fett

4 Port. | 20 Min. | leicht

Zutaten:

- 2 TL Kakaopulver
- 90 g Dinkelmehl
- 90 ml ungesüßter Mandeldrink siehe „Basic-Rezept“
- 1 reife Banane (zerdrückt)
- 1 EL Mandelmus „Basic-Rezept“
- 1 TL naturtrüber Apfelessig
- ½ TL Zimtpulver
- 1 TL Ahornsirup (alternativ: 1 TL Kokosblütenzucker)
- 1 TL Backpulver
- Etwas Kokosöl zum Einfetten

Zubereitung:

1. Gib zunächst einmal das Backpulver mit dem Mehl und dem Zimtpulver in eine Rührschüssel. Vermische alles gründlich miteinander.
2. In einen Mixbecher nun das Mandelmus, den Ahornsirup, den Mandeldrink und die Banane geben und pürieren. Die Bananenmischung anschließend nun zu der Mehlmischung geben und verrühren. Den naturtrüben Apfelessig untermengen und zu einem glatten Teig vermischen. Du kannst hier bei Bedarf gerne noch etwas Mandeldrink hinzugeben.
3. Gib nun die Hälfte des Teigs wieder in einen Mixbecher und mische das Kakaopulver unter. Heize das Waffeleisen vor und gib etwas Kokosöl hinein.
4. Zu guter Letzt nach und nach jeweils 1 EL hellen Teig und 1 EL dunklen Teig in das Waffeleisen geben. Die frischen Waffeln ausbacken und genießen.

Tipp:

Du kannst die Waffeln luftdicht verpacken und einfach am nächsten Tag mit in die Arbeit nehmen!

Erdbeer-Porridge mit Datteln

271 kcal | 35 g Kohlenhydrate | 11 g Eiweiß | 9 g Fett

2 Port. 10 Min. leicht

Zutaten:

- 3 getrocknete und entsteinte Datteln
- 300 g frische Erdbeeren
- ¼ TL Ceylon-Zimtpulver
- 400 ml ungesüßter Mandeldrink siehe „Basic-Rezept"
- 60 g feine Haferflocken

Zubereitung:

1. Schneide die Datteln in kleine Stücke. Vermische Sie nun mit den Haferflocken, dem Zimtpulver sowie 150 ml Wasser und bringe alles in einem Topf zum Kochen. Lass das Porridge nun ungefähr 5 Minuten lang weiterköcheln und rühre zwischendurch immer wieder mal um.
2. Rühre nun den Mandeldrink ein und lass das Porridge weitere 5 Minuten lang köcheln. Zwischendurch immer wieder mit einem Kochlöffel umrühren.
3. Wasche in der Zwischenzeit die Erdbeeren, entferne den Stielansatz und schneide die Früchte in Stücke.
4. Nimm das Porridge von der Herdplatte und vermische es mit den Erdbeeren.

Tipp:

Wenn Du das Porridge mit in die Arbeit nehmen möchtest, solltest Du die Erdbeeren erst einmal getrennt verpacken. Den Porridge kannst Du in einen To-Go-Behälter füllen. Du kannst anstatt Erdbeeren auch andere Früchte verwenden wie etwa Pfirsichspalten, Himbeeren, Pflaumen oder Heidelbeeren.

Energie-Müsli

257 kcal | 15 g Kohlenhydrate | 7 g Eiweiß | 15 g Fett

8 Port. 10 Min. leicht

Zutaten:

- 100 g Bananen-Chips
- 80 g Salatkerne-Mix
- 50 g Chiasamen
- 100 g Mandelblättchen
- 100 g Apfel-Chips
- 50 g Leinsamen
- 50 g Kokos-Chips

Zubereitung:

1. Für diese Müsli-Mischung musst Du zuerst die Mandelblättchen zusammen mit dem Salatkerne-Mix, den Chiasamen und den Leinsamen in einer Pfanne komplett ohne Fett anrösten. Dann alles aus der Pfanne nehmen und zur Seite stellen.
2. Schneide nun nach Bedarf die Kokos-, Apfel-, und Bananen-Chips etwas kleiner.
3. Vermenge beide Mischungen miteinander und gib alles in ein gut verschließbares Gefäß.

Hinweis:

Diese Müslimischung kannst Du bis zu 4 Wochen aufbewahren. Wichtig ist hier nur, dass das Gefäß luftdicht verschlossen ist.

Tipp:

Du kannst das Energie-Müsli als Topping für Porridge verwenden oder auch über einem basischen Fruchtsalat. Einfach super zum Mitnehmen!

Pink-Breakfast-Bowl

410 kcal | 36 g Kohlenhydrate | 11 g Eiweiß | 24 g Fett

2 Port. 15 Min. leicht

Zutaten:

- 2 Bananen
- 200 TK-Himbeeren
- 2 EL Leinsamen
- 100 ml Kokosmilch
- 100 g gemischte Beeren (Heidelbeeren, Johannisbeeren, Brombeeren, Erdbeeren)
- 4 Granatapfelkerne
- 2 EL Kürbiskerne
- 2 EL Kokoschips

Zubereitung:

1. Schäle die Banane und schneide sie in Scheiben. Gib die Hälfte der Bananenscheiben zusammen mit den tiefgefrorenen Himbeeren, der Kokosmilch, den Leinsamen sowie 100 ml Wasser in einen Hochleistungsmixer. Püriere alles ganz fein und verteile die Masse auf zwei Schüsseln.
2. Nun die gemischten Beeren verlesen, waschen und gut abtropfen lassen. Wenn Du Erdbeeren verwendest, kannst Du die Früchte einmal in der Mitte halbieren. Dann die Beeren ebenfalls in die Schüssel geben.
3. Garniere Deinen Frühstücksbowl noch mit den restlichen Bananenscheiben, den Granatapfelkernen, den Kürbiskernen sowie den Kokoschips.

Tipp:

Du kannst die Püree-Masse in einem Müsli-To-Go-Becher ganz bequem mitnehmen und die Bananen, die Granatapfelkerne, die Kürbiskerne und die Kokoschips für die Verzierung ins Müsli-Fach geben. Auf der Arbeit kannst Du Deine Frühstücks-Bowl dann ganz unkompliziert und schön in einer Schüssel anrichten, denn bekanntlich isst das Auge ja mit.

Wenn Du lieber eine grüne Frühstücks-Bowl essen möchtest, kannst Du anstatt der Himbeeren einfach Baby-Blattspinat verwendet und anstatt der Granatapfelkerne 1 Kiwi hinzugeben.

Basischer Hirse-Fruchtsalat

420 kcal | 74 g Kohlenhydrate | 8 g Eiweiß | 12 g Fett

2 Port. | 20 Min. | leicht

Zutaten:

- 400 ml ungesüßter Mandeldrink siehe „Basic-Rezept"
- 1 EL Ceylon-Zimtpulver
- 100 g Hirse
- 150 g gemischte Beeren (Himbeeren, Johannisbeeren, Heidelbeeren)
- 2 Aprikosen
- 100 g Sojajoghurt

Zubereitung:

1. Erwärme den Mandeldrink zusammen mit dem Ceylon-Zimtpulver in einem Topf. Gib dann die Hirse dazu und lass alles eine Viertelstunde lang bei mittlerer Hitzezufuhr köcheln. Gelegentlich umrühren.
2. Wasche zwischenzeitlich das Obst, entferne den Kern der Aprikosen und schneide die Aprikosenhälften in ganz feine Streifen. Die Johannisbeeren von den Rispen streifen.
3. Verteile die gegarte Hirse auf zwei Schüsselchen und gib den Sojajoghurt darüber.
4. Garniere zum Schluss noch mit den Aprikosen und den gemischten Beeren.

Süßkartoffel-Heidelbeer-Toast

650 kcal | 94 g Kohlenhydrate | 12 g Eiweiß | 26 g Fett

2 Port. 15 Min. leicht

Zutaten:

- 300 g Süßkartoffeln
- 80 g Heidelbeeren
- 1 große Banane
- 4 EL braunes Mandelmus „Basic-Rezept“
- 1 TL Ceylon-Zimtpulver

Zubereitung:

1. Wasche die Süßkartoffeln und schneide sie der Länge nach in rund 1/2-Zentimeter dicke Scheiben.
2. Toaste jede Süßkartoffelscheibe zwei bis drei Mal – jeweils 2 Minuten – auf höchster Stufe, bis die Süßkartoffeln schön weich und leicht gebräunt sind.
3. Schäle die Banane und schneide sie in dünne Scheiben.
4. Nun die Heidelbeeren verlesen, waschen und gut austropfen lassen.
5. Verteile die Süßkartoffel Toasts auf zwei Teller oder lege sie in Deine Lunch-Box für die Arbeit. Bestreiche die Hälften mit Mandelmus und belege die Süßkartoffel-Toasts mit den Bananenscheiben sowie den Heidelbeeren.
6. Zum Schluss mit dem Zimtpulver bestreuen.

Schokoladen-Bananen-Frühstücksporridge

370 kcal | 43 g Kohlenhydrate | 9 g Eiweiß | 17 g Fett

2 Port. | 15 Min. | leicht

Zutaten:

- 300 ml ungesüßter Haferdrink
- 1 Banane
- 2 EL weißes Mandelmus „Basic-Rezept“
- 1 Msp. gemahlenes Vanillepulver
- 60 g feine Haferflocken
- 1 EL entöltes Kakaopulver
- ½ TL Ceylon-Zimtpulver

Zubereitung:

1. Zunächst den Haferdrink in einem kleinen Topf zum Kochen bringen.
2. Dann die Haferflocken und das Vanillepulver einrühren und alles bei geringer Hitzezufuhr rund 5 Minuten köcheln lassen. Rühre gelegentlich ein wenig um.
3. Schäle zwischenzeitlich die Banane und schneide sie in Scheiben.
4. Verrühre dann das weiße Mandelmus mit dem Kakaopulver.
5. Verteile das fertige Porridge auf zwei Schüsselchen oder fülle es in Deinen To-Go-Becher. Richte anschließend die Kakao-Mandelmus-Mischung darauf an und bestreue alles mit dem Zimt.
6. Lass es Dir richtig gut schmecken!

Shakes & Smoothies

Smoothies sind sowohl ein gesundes Frühstück als auch ein herrlich erfrischender Snack für zwischendurch.

Smoothies sind aktuell hoch im Trend: Ganz egal, ob fruchtig, süß, herb, grün oder rot: Die bunten Vitaminbomben schmecken Groß und Klein und dürfen vor allem im Rahmen einer basischen Ernährung nicht fehlen. Smoothies und Getränke helfen Dir Deinen täglichen Obst- und Gemüsebedarf zu decken. Zudem brauchst Du für die Zubereitung nicht viele Zutaten und kannst die köstlichen Getränke ganz bequem mitnehmen!

Tue Deiner Gesundheit also etwas richtig Gutes und genieße mit Smoothies und Shakes die volle Vital- und Nährstoffpower!

Taste Dich auch schrittweise an grüne Smoothies heran, denn sie liefern besonders wertvolle Nährstoffe. Gewürze wie Kardamom, Vanille, Zimt und Kurkuma, aber auch frische Minze, Basilikum oder Koriander sorgen für reichlich geschmackliche Abwechslung. Viel Freude beim Ausprobieren und Genießen!

Basischer Ingwer-Kokos-Smoothie

416 kcal | 17 g Kohlenhydrate | 19 g Eiweiß | 33 g Fett

2 Port. | 5 Min. | leicht

Zutaten:

- 120 g Spitzkohl
- 5 TL Granatapfel-Samen
- 1 große Möhre (in Würfeln geschnitten)
- 1 TL Ingwerpulver
- 250 ml Kokosmilch
- 50 g Hanfprotein Pulver

Zubereitung:

1. Gib alle Zutaten in einen leistungsstarken Mixer und püriere sie fein durch. Manchmal brauchst Du ein wenig Geduld, bis eine homogene Smoothie-Masse entsteht.

Tipp:

Wenn Du kein Frühstücks-Typ bist, kannst Du diesen Smoothie auch als energiereichen Start in den Tag genießen. Ansonsten ist er als After-Workout-Drink oder als Snack prima geeignet.

Vitalisierender grüner Smoothie

369 kcal | 15 g Kohlenhydrate | 5 g Eiweiß | 22 g Fett

2 Port. | 10 Min. | leicht

Zutaten:

- 300 ml Kokosmilch
- 100 ml Wasser
- 5 Eiswürfel
- 1 TL Zimtpulver (am besten Ceylon Zimt verwenden!)
- 50 g Ananas
- 130 g Baby-Spinat
- Saft von 2 unbehandelten Zitronen

Zubereitung:

1. Gib alle Zutaten – bis auf den Saft der beiden Zitronen – in einen Shaker und mixe sie kräftig durch.
2. Zum Schluss den Zitronensaft und die Eiswürfel hineingeben und frisch genießen. Lass es Dir schmecken.

Heidelbeer-Ananas-Smoothie mit Kiwi-Note

155 kcal | 33 g Kohlenhydrate | 3 g Eiweiß | 2 g Fett

2 Port. 15 Min. leicht

Zutaten:

- 60 g Heidelbeeren
- 200 g frische Ananas
- 1 Kiwi
- 200 ml kaltes Mineralwasser
- ½ TL Flohsamenschalen
- 1 Msp. Chlorella-Algenpulver
- ½ TL Gerstengraspulver

Zubereitung:

1. Gib alle Zutaten in einen Shaker und mixe sie zu einem fein cremigen Smoothie.
2. Lasse den Smoothie ungefähr 5 Minuten lang stehen, damit die Flohsamenschalen aufquellen können. Dadurch bekommt der Smoothie eine herrlich samtige Konsistenz.
3. Bei Bedarf kannst Du noch ein wenig Wasser hinzugeben, falls Dir der Smoothie zu dickflüssig sein sollte.

Vanille-Mango-Smoothie

135 kcal | 25 g Kohlenhydrate | 2 g Eiweiß | 3 g Fett

2 Port. | 10 Min. | leicht

Zutaten:

- 1 mittelgroße Mango
- 1 Msp. gemahlene Vanille
- 1 Stängel Pfefferminze
- 1 TL Kokosraspel
- 2 EL feine Haferflocken

Zubereitung:

1. Schäle die Mango und schneide das Fruchtfleisch möglichst grobstückig vom Kern.
2. Die Mango mit den Haferflocken, der gemahlenen Vanille sowie 300 ml Wasser in einen Hochleistungsmixer geben und alles kräftig durchmixen.
3. Verteile diesen Smoothie auf zwei Gläser oder gib ihn in einen To-Go-Trinkbecher.
4. Waschen anschließend den Pfefferminz-Stängel und schüttele ihn trocken. Nun die Blättchen zupfen und in Streifen schneiden.
5. Die frische Minze und die Kokosraspel als Garnitur über den Smoothie geben und genießen.

Tipp:

Statt einer frischen Mango kannst Du auch tiefgekühlte Mango-Stücke verwenden. Das spart Dir zudem ein wenig Arbeit.

Limetten-Blaubeer-Smoothie

208 kcal | 14 g Kohlenhydrate | 5 g Eiweiß | 13 g Fett

2 Port. | 10 Min. | leicht

Zutaten:

- 150 Heidelbeeren
- ½ unbehandelte Limette
- 2 EL weißes Mandelmus „Basic-Rezept"
- 2 EL feine Haferflocken

Zubereitung:

1. Im ersten Schritt die Heidelbeeren verlesen, waschen und gut abtropfen lassen.
2. Dann die Limette heiß abwaschen und abtrocknen. Die Schale mithilfe eines Zestenreißers in möglichst feinen Streifen abziehen. Anschließend Dann die Limette in der Mitte durchschneiden und den Saft gut auspressen.
3. Die Heidelbeeren mit dem weißen Mandelmus, dem Limettensaft, den Haferflocken sowie 300 ml Wasser in einen Hochleistungsmixer geben und alles kräftig durchrühren.
4. Den Smoothie auf Gläser verteilen oder in einen To-Go-Shaker füllen. Anschließend den Smoothie mit den Limetten-Zesten verzieren.

Fruity-Orange-Shake

268 kcal | 15 g Kohlenhydrate | 13 g Eiweiß | 12 g Fett

2 Port. | 15 Min. | leicht

Zutaten:

- 2 mittelgroße unbehandelte Orange
- 4 EL gehackte Mandeln
- 400 ungesüßter Mandeldrink siehe „Basic-Rezept“
- 50 ml Wasser
- 2 EL Agavendicksaft

Zubereitung:

1. Halbiere zunächst einmal die Orangen, trenne die Frucht in Spalten und entferne die weißen Trennhäutchen.
2. Gib alle Zutaten in Deinen Smoothie-Shaker und püriere sie zu einem cremigen Smoothie.
3. Verteile den Smoothie auf Gläser oder fülle ihn in Deinen To-Go-Becher!

Pfirsich-Heidelbeer-Smoothie

136 kcal | 22 g Kohlenhydrate | 4 g Eiweiß | 2 g Fett

2 Port. 15 Min. leicht

Zutaten:

- 400 g reife Pfirsiche
- 400 g Heidelbeeren
- 200 ml stilles Mineralwasser

Zubereitung:

1. Wasche die Heidelbeeren und tupfe sie mit einem Küchenpapier vorsichtig trocken.
2. Wasche nun die Pfirsiche, halbiere sie, entferne den Kern und schneide sie in Stückchen.
3. Gib die Früchte nun zusammen mit dem Mineralwasser in einen Hochleistungsmixer und mixe alles kräftig durch.
4. Alles in den To-Go-Shaker oder in Gläser füllen und gern mit Eiswürfeln genießen.

Basisch-exotischer Kokos-Goji-Shake

408 kcal | 41 g Kohlenhydrate | 12 g Eiweiß | 29 g Fett

1 Port. 10 Min. leicht

Zutaten:

- 3 EL Chiasamen oder geschälte Hanfsamen
- 3 EL Kokos-Mus
- 1 mittelgroße Banane
- 1 große unbehandelte Orange
- 3 EL Saft einer unbehandelten Zitrone
- 3 EL Goji-Beeren

Zubereitung:

1. Weiche zunächst einmal die Goji-Beeren ein – am besten über Nacht – mindestens aber zwei Stunden bevor Du mit der Shake-Zubereitung beginnst.
2. Presse den Saft der Orange gut aus. Schneide die Frucht dann in ganz feine Stückchen.
3. Schäle die Banane und schneide sie ebenfalls in Stücke.
4. Gib nun alle Zutaten zusammen mit 150 ml Wasser in einen Hochleistungsmixer und vermixe sie zu einem feincremigen Shake. Sollte der Shake noch zu dickflüssig sein, kannst Du gerne ein wenig Wasser hinzugeben.
5. Serviere den Shake in einem Glas oder gib ihn gerne in einen To-Go-Becher. Wenn Du möchtest kannst Du noch etwas Eiswürfel hinzugeben.

Reis-Nuss-Drink

257 kcal | 17 g Kohlenhydrate | 10 g Eiweiß | 16 g Fett

2 Port. 5 Min. leicht

Zutaten:

- 100 ml Saft von unbehandelten Orangen
- 4 EL Sanddorn Mus
- 300 ml Reisdrink
- 6 fein gehackte Walnüsse

Zubereitung:

1. Püriere das Sanddorn-Mus zusammen mit dem Reisdrink, dem frisch gepressten Orangensaft sowie den Walnusskernen in einem leistungsfähigen Mixer, bis ein köstlich cremiger Smoothie entsteht!
2. Serviere den Smoothie gerne in einem Glas mit Eiswürfeln oder gib ihn in einen To-Go-Shaker.

Hinweis:

Dieser Smoothie stärkt Deine Immunabwehr ausgezeichnet!

Zimt-Pflaumen-Smoothie

114 kcal | 14 g Kohlenhydrate | 5 g Eiweiß | 3 g Fett

2 Port. 10 Min. leicht

Zutaten:

- 4 Pflaumen
- 200 ml ungesüßter Mandeldrink siehe „Basic-Rezept"
- 200 ml stilles Mineralwasser
- 1 TL Ceylon-Zimt (gemahlen)
- Nach Wunsch: 1 TL Ahornsirup oder Kokosblütenzucker

Zubereitung:

1. Wasche die Pflaumen, halbiere sie und entferne die Kerne. Schneide die Fruchthälften in kleine Stücke.
2. Gib nun alle Zutaten in einen Hochleistungsmixer und püriere sie fein durch.
3. Schmecke den Smoothie zum Schluss noch mit dem Zimtpulver, und wenn Du magst, mit dem Ahornsirup oder dem Kokosblütenzucker ab.

Leckere Salate

Jeder Berufstätige weiß, wie anstrengend es werden kann, wenn man abnehmen oder sich gesünder ernähren möchte. Gerade dann, wenn man viel arbeiten muss oder immer wieder unterwegs ist, fällt es umso schwerer, sich gesund zu ernähren. Was Fast-Food-Ketten, Kantinen und Restaurants zum Essen anbieten, macht eher dick als schlank und lässt den Organismus zudem mehr und mehr übersäuern.

Die Lösung dieses Problems heißt: Meal-Prep, also das frische und gesunde Essen von Zuhause mitnehmen. Besonders gut geeignet sind hierfür vitaminreiche Salate „To-Go". Sie lassen sich sehr gut vorbereiten und ganz praktisch am nächsten Tag mitnehmen. Salate sind sehr beliebte „Take-Away´s" aus der eigenen Küche. Online gibt es unterschiedliche Lunch-Boxen, auch speziell für Salate mit Dressing-Behälter. Salate sind sehr geschmackvoll und vielseitig: Was zum Beispiel am Mittag schmeckt, kann auch für das Abendessen sehr gerne eingesetzt werden.

Du kannst auch am Abend die doppelte Salatmenge zubereiten: Eine Hälfte packst Du für den nächsten Arbeitstag in Dein Glas oder Deine Lunch-Box. Die andere Hälfte kannst Du am Abend durch weitere Zutaten ergänzen oder mit einem veränderten Dressing als „neue Salatvariation" genießen. In diesem Kapitel findest Du viele geschmackvolle Salat-Rezeptideen. Viel Freude beim Zubereiten und guten Appetit!

Farbenfroher Paprika-Salat

195 kcal | 8 g Kohlenhydrate | 4 g Eiweiß | 16 g Fett

2 Port. | 10 Min. | leicht

Zutaten:

- 1 kleine gelbe Paprikaschote
- 1 kleine rote Paprikaschote
- ½ Salatgurke
- ½ rote Zwiebel
- 1 EL Apfelessig naturtrüb
- 3 EL Olivenöl extra nativ
- Meersalz
- Pfeffer
- 1 Bund frische glatte Petersilie
- 1 Minze-Stängel

Zubereitung:

1. Wasche die Paprika, halbiere sie und entferne die weißen Trennwände sowie die Kerne.
2. Putze und wasche nun die Gurke. Schäle anschließend die Zwiebel.
3. Schneide das gesamte Gemüse in kleine Würfel und gib es in eine Salatschüssel.
4. Verrühre im nächsten Schritt das Olivenöl mit dem Apfelessig, dem Meersalz und ein wenig Pfeffer zu einem Salatdressing und gib es in die Schüssel zum Gemüse.
5. Wasche nun Petersilie und Minze. Zupfe die Blättchen ab und hacke sie ganz fein.
6. Streue diese dann über Deinen Salat und lass es Dir gut schmecken.

Frischer Avocado-Erdbeer-Spargel-Salat

486 kcal | 13 g Kohlenhydrate | 15 g Eiweiß | 39 g Fett

2 Port. 20 Min. leicht

Zutaten:

- 500 g grüner Spargel
- 2 EL raffiniertes Olivenöl
- 3 EL Olivenöl extra nativ
- 250 g frische Erdbeeren
- 100 g Baby-Blattspinat
- 1 EL Saft einer unbehandelten Zitrone
- Meersalz
- Pfeffer
- 2 EL Sonnenblumenkerne
- ½ Avocado (entsteint)

Zubereitung:

1. Wasche den Spargel, schneide die holzigen Enden ab und schäle ihn. Schneide die Spargelstangen in ca. 3 cm lange Stücke.
2. Erhitze 2 EL des raffinierten Olivenöls in einer Pfanne und brate die Spargelstücke darin bei mittlerer Hitzezufuhr rund 10 Minuten an. Hin und wieder wenden.
3. Röste zwischenzeitlich in einer zweiten Pfanne – komplett fettfrei – rund 2 bis 3 Minuten die Sonnenblumenkerne.
4. Putze, wasche und viertele die Erdbeeren.
5. Auch den Blattspinat putzen, waschen und trockenschleudern.
6. Die Hälfte der Avocado mundgerecht würfeln.
7. Vermische nun die Spargelstücke mit den Erdbeeren, den Avocado-Würfeln sowie dem Blattspinat in einer Schüssel.
8. Verrühre das Olivenöl extra nativ mit dem Zitronensaft, einer Prise Pfeffer und Meersalz. Gib dieses Dressing dann zusammen mit den gerösteten Sonnenblumenkernen über den Salat.

Wassermelonen-Kichererbsen-Salat

285 kcal | 14 g Kohlenhydrate | 12 g Eiweiß | 21 g Fett

2 Port. 15 Min. leicht

Zutaten:

- 300 g kernfreie Wassermelone
- 150 g ungezuckerte Kichererbsen aus dem Glas
- 70 g Rucola
- ½ Salatgurke
- 1 EL Sonnenblumenkerne
- 2 frische Pfefferminz-Stängel
- 2 EL Saft einer unbehandelten Zitrone
- 2 EL Olivenöl extra nativ
- Meersalz
- Pfeffer

Zubereitung:

1. Befreie zunächst einmal die Wassermelone von der Schale und wenn notwendig, von Kernen. Schneide sie dann in mundgerechte Stücke.
2. Gieße die Kichererbsen in ein Sieb und brause sie kalt ab. Lasse sie im Anschluss gut austropfen.
3. Wasche den Rucola und schleudere ihn trocken. Schneide die Blättchen dann ein wenig klein.
4. Schäle und wasche auch die halbe Salatgurke und schneide sie in mundgerechte Würfel.
5. Röste nun in einer Pfanne 2 bis 3 Minuten die Sonnenblumenkerne, ganz ohne Fett.
6. Brause die Pfefferminz-Stängel ab, schüttele sie trocken, zupfe die Blättchen ab und hacke sie fein.
7. Vermische nun die Wassermelonen-Stücke mit den Kichererbsen, den Rucola-Blättchen und den Gurkenwürfeln in einer Salatschüssel.
8. Anschließend den Saft der Zitrone mit dem Olivenöl, einer Prise Meersalz und Pfeffer vermischen. Gib das Dressing dann über den Salat.
9. Mische alles gut miteinander und gib zum Schluss die Minze-Blättchen sowie die gerösteten Sonnenblumenkerne darüber.

Mango-Möhren-Pfefferminz-Salat nach indischer Art

297 kcal | 31 g Kohlenhydrate | 5 g Eiweiß | 15 g Fett

4 Port. 30 Min. leicht

Zutaten:

- 400 g Möhren
- 1 große Mango
- 4 Pfefferminze-Stängel
- 35 ml Saft einer unbehandelten Zitrone
- 3 EL Olivenöl extra nativ
- Meersalz
- 1 EL Dattel- oder Reissirup

Zubereitung:

1. Schäle die Möhren und raspele sie ganz fein.
2. Schäle dann die Mango, entferne den Stein und schneide das Fruchtfleisch in möglichst feine Streifen.
3. Wasche die Pfefferminze-Stängel, schüttele sie trocken und zupfe die Blättchen von den Stielen. Hacke sie ganz fein.
4. Vermische nun alle Zutaten in einer Salatschüssel miteinander.
5. Vermenge den Zitronensaft mit dem Olivenöl, dem Dattelsirup und dem Meersalz zu einem feinen Dressing und gieße es über den Salat.

Tipp:

Dieser Salat schmeckt sogar noch besser, wenn er über Nacht im Kühlschrank durchziehen kann. Er ist also perfekt geeignet, um ihn in die Arbeit mitzunehmen. Einfach am Vorabend vorbereiten und am nächsten Tag unkompliziert in einer Lunch-Box oder einem To-Go-Behälter mitnehmen.

Frischer Mango-Tomaten-Salat

278 kcal | 17 g Kohlenhydrate | 3 g Eiweiß | 21 g Fett

4 Port. 30 Min. leicht

Zutaten:

- 2 EL frischer, gehackter Dill
- 5 EL Olivenöl extra nativ
- 3 EL Saft einer unbehandelten Zitrone
- Meersalz
- Pfeffer
- 200 g gemischter Blattsalat
- 350 g Cherry-Tomaten (rot und orange)
- 350 g frische Mango
- Gewürzblütenmischung

Zubereitung:

1. Vermische das Olivenöl mit dem Zitronensaft, einer Prise Salz, dem Pfeffer und dem frischen gehackten Dill zu einem feinen Salatdressing.
2. Wasche dann den gemischten Blattsalat, schleudere ihn trocken und lass ihn gut abtropfen. Wende den Blattsalat sofort im Dressing und richte ihn auf Tellern an.
3. Viertele nun die Cherry-Tomaten.
4. Schäle die Mango, löse das Fruchtfleisch vom Kern und schneide die Mango in Würfel.
5. Verteile die Tomaten und die Mango-Würfel dann auf dem Salat.
6. Zum Schluss noch die Gewürzblütenmischung über den Salat geben.

Tipp:

Du kannst das Salatdressing in ein Glas mit Schraubverschluss geben. So kannst Du es erstens im Kühlschrank gut aufbewahren und vor dem Gebrauch nochmals kräftig durchschütteln. Zweitens kannst Du es so bequem mit in die Arbeit nehmen

Tomaten-Salat mit Nektarinen & Kürbiskernöl-Orangen-Dressing

208 kcal | 61 g Kohlenhydrate | 7 g Eiweiß | 35 g Fett

2 Port. 20 Min. leicht

Zutaten für die Speise:

- 3 Nektarinen
- 5 mittelgroße Strauchtomaten
- 2 Frühlingszwiebeln
- Meersalz
- Pfeffer

Zutaten für das Dressing:

- 10 ml Kürbiskern-Öl
- 10 ml Leinöl
- 30 ml Saft einer unbehandelten Zitrone
- 40 ml Saft von unbehandelten Orangen
- 20 ml Olivenöl extra nativ

Zubereitung:

1. Wasche die Nektarinen und die Tomaten. Halbiere sie dann und entferne den Kern der Nektarinen.
2. Befreie die Tomaten vom Stielansatz und schneide die Tomaten in Scheiben. Richte sie anschließend schön auf einem Teller an.
3. Putze die Frühlingszwiebeln, wasche sie, schneide sie in feine Ringe und gib sie über die Tomatenscheiben.
4. Schneide nun die Nektarinen in Streifen und gib sie ebenfalls zu den Tomaten hinzu. Würze nach Deinem Geschmack mit Salz und Pfeffer.
5. Vermische zum Abschluss die Dressing-Zutaten miteinander, rühre alles durch und träufele das Kürbiskernöl-Orangensaft-Dressing über den Salat.

Wärmender Zucchini-Birnen-Salat

465 kcal | 27 g Kohlenhydrate | 6 g Eiweiß | 35 g Fett

2 Port. | 40 Min. | leicht

Zutaten für die Speise:

- 2 süße große Birnen
- 2 mittelgroße Zucchini
- 1 große Küchenzwiebel (rot)
- 1 Frühlingszwiebel
- 1 EL Koriandersamen

Zutaten für das Dressing:

- 2 unbehandelte Zitronen
- 3 EL Olivenöl extra nativ
- 1 EL raffiniertes Olivenöl
- 2 EL Dattelpaste siehe „Basic Rezept“
- 2 EL Wasser
- Meersalz
- Pfeffer

Zubereitung:

1. Wasche die beiden Birnen, entferne das Kerngehäuse und schneide die Früchte dann in Streifen.
2. Auch die Zucchini schälen, waschen und das Fruchtfleisch in dünne Scheiben schneiden.
3. Schäle die Küchenzwiebel, halbiere sie und schneide sie in feine Streifen.
4. Auch die Frühlingszwiebel putzen, waschen und in feine Röllchen schneiden.
5. Zermahle die Koriandersamen in einem Mörser zu einem feinen Pulver.
6. Presse nun für das Salatdressing zunächst einmal die Zitronen aus. Vermische dann den Zitronensaft mit dem extra nativen Olivenöl, der Dattelpaste, 2 EL Wasser sowie einer Prise Salz und Pfeffer. Stelle das Dressing kurz zur Seite.
7. Nun in einer Pfanne mit 1 EL raffiniertes Olivenöl, die Zwiebelringe, die Birnen-Streifen und die Zucchini-Scheiben kurz anbraten.
8. Füge das Korianderpulver hinzu und schmecke nach Deinem Geschmack mit Salz und Pfeffer ab.
9. Fülle das Gemüse in eine Salatschüssel und gib das Dressing darüber.
10. Alles schön anrichten und mit den Frühlingszwiebel-Röllchen garnieren.

Basisch-bunter Grill-Gemüse-Salat

274 kcal | 16 g Kohlenhydrate | 7 g Eiweiß | 19 g Fett

4 Port. 20 Min. leicht

Zutaten:

- 250 g rote Paprika
- 250 g grüne Paprika
- 250 g gelbe Zucchini
- 1 Zwiebel
- 2 Auberginen
- 150 g Champignons
- 2 EL Olivenöl extra nativ
- 150 g gemischter Blattsalat
- 100 g entsteinte, schwarze Oliven
- 2 EL naturtrüber Apfelessig
- 1 EL gehackter Oregano
- 2 EL raffiniertes Olivenöl

Zubereitung:

1. Heize Deinen Grill vor.
2. Schneide die Paprika in Streifen, die Zucchini in Scheiben und die Auberginen der Länge nach in Scheiben schneiden. Nun die Champignons in Scheiben und die Zwiebeln in Spalten schneiden.
3. Beträufele die Paprika, die Auberginen, die Zwiebel, die Zucchini und die Champignons mit 2 EL raffiniertes Olivenöl und grille sie anschließend bis zum gewünschten Bräunungsgrad.
4. In der Zwischenzeit den gemischten Blattsalat auf Tellern anrichten.
5. Die Oliven, den Oregano und den naturtrüben Apfelessig miteinander vermischen. Die 2 EL Olivenöl extra nativ hinzugeben und dieses Dressing dann mit Grillgemüse vermengen.
6. Alle Salatzutaten gut miteinander verrühren und auf Tellern über dem Blattsalat anrichten.

Blumenkohl-Salat mit aromatischem Tomatendressing

153 kcal | 13 g Kohlenhydrate | 9 g Eiweiß | 6 g Fett

2 Port. 15 Min. leicht

Zutaten:

- 500 g Blumenkohl
- ½ unbehandelte Zitrone
- 2 frische Strauchtomaten
- 1 Knoblauchzehe
- 150 g Feldsalat
- 1 EL Olivenöl extra nativ
- 1 EL naturtrüber Apfelessig
- Meersalz
- Pfeffer

Zubereitung:

1. Zerteile den Blumenkohl in Röschen und wasche ihn.
2. Reibe nun die Schale der Zitronenhälfte ab und presse den Saft aus.
3. Bringe nun 200 ml Wasser zum Kochen. Gib die Zitronenschale und den Blumenkohl hinzu und würze nach Deinem Geschmack mit Meersalz und Pfeffer.
4. Lass den Blumenkohl nun zugedeckt rund 6 Minuten lang bissfest köcheln.
5. Gieß den Blumenkohl in ein Sieb ab, fang die Garflüssigkeit auf, lass ihn abtropfen und vermische den Blumenkohl in einer Schüssel mit dem Zitronensaft sowie dem Olivenöl.
6. Gib die Garflüssigkeit zurück in den Topf, lass sie ein wenig einkochen und vermische sie wieder mit dem Blumenkohl.
7. Schneide die Tomaten in kleine Würfel.
8. Schäle die Knoblauchzehe und hacke sie fein.
9. Vermische die Tomaten mit dem Knoblauch, dem naturtrüben Apfelessig, einer Prise Meersalz und Pfeffer.
10. Wasche den Feldsalat und schüttele ihn gut trocken.
11. Fülle nun den Blumenkohl in dein Lunch-Glas, gib anschließend das Tomatendressing darüber und zum Schluss den Feldsalat oben auf.

Brokkoli-Salat mit frischen Birnen und Nuss-Dressing

160 kcal | 27 g Kohlenhydrate | 8 g Eiweiß | 3 g Fett

2 Port. | 20 Min. | leicht

Zutaten:

- 400 g Brokkoli
- 2 saftige frische Birnen
- 1 unbehandelte Zitrone
- 1 TL Nuss-Mus
- 1 TL Rosinen
- Meersalz
- Pfeffer

Zubereitung:

1. Zerteile den Brokkoli in Röschen und gare ihn zugedeckt in Salzwasser bissfest.
2. Wasche die beiden Birnen, schneide sie in der Mitte durch und entferne das Kerngehäuse. Dann das Fruchtfleisch in dünne Stücke schneiden.
3. Reibe nun die Schale der Zitrone ab und presse den Saft aus.
4. Vermische die Birnenstücke mit 3 EL des Zitronensaftes.
5. Vermenge die Hälfte der Birnen mit 100 ml Wasser, der Zitronenschale, 2 EL des Zitronensaftes sowie dem Nuss-Mus und püriere alles mit dem Stabmixer zu einem feinen Dressing.
6. Schmecke das Nuss-Birnen-Dressing nach Deinem Geschmack mit Salz und Pfeffer ab.
7. Gib den gegarten Brokkoli ins To-Go-Glas und schichte darauf die Rosinen sowie die restlichen Birnen. Verpacke das Dressing in einem extra Behälter und genieße Deinen basischen Salat bei der Arbeit.

20-Minuten Express Gerichte

Die Planung ist das A und O. Es ist wichtig, dass Du Dir schon am Vorabend Gedanken machst, was Du gerne am nächsten Tag essen möchtest.

Dann musst Du bei der Arbeit nicht zu ungesunden, schnellen Gerichten greifen und Dir auch nicht am Abend Gedanken um den Einkauf und das Abendessen machen. So landen ungesunde Fertigprodukte gar nicht erst im Einkaufswagen und die Bestellung beim Pizzalieferdienst ist nicht notwendig. Am besten ist es, für eine ganze Woche zu planen und für die Zubereitung der einzelnen Gerichte einmal einzukaufen. Das spart Dir wochentags viel Zeit!

Such Dir Deine Lieblingsrezepte aus, also die Gerichte, die Du gerne isst. So macht die gesunde Ernährung im Job nämlich richtig viel Freude.

Suchst Du noch nach Inspiration? Dann haben wir in diesem Kapitel für Dich viele leckere Gerichte, die zudem im Handumdrehen zubereitet sind. Viel Spaß beim Ausprobieren!

Zucchini-Spirelli mit frischem Basilikum-Pesto

241 kcal | 5 g Kohlenhydrate | 6 g Eiweiß | 21 g Fett

2 Port. | 15 Min. | leicht

Zutaten für das Pesto:

- 100 g frisches Basilikum
- 1 EL raffiniertes Olivenöl
- Saft einer unbehandelten Zitrone
- 1 zermahlene Knoblauchzehe
- Prise Meersalz
- Prise Pfeffer
- 45 g Walnüsse

Zutaten für die Pasta:

- 300 g Zucchini
- 2 EL Kokosöl

Zubereitung:

1. Verarbeite zunächst einmal mit einem Spiralschneider die Zucchini zu spiralförmigen-Nudeln.
2. Brate dann die Walnüsse im Olivenöl an bis sie schön goldbraun werden.
3. Gib zwischenzeitlich alle Zutaten für das Pesto in einen Mixer und püriere sie kräftig durch.
4. Erhitze nun das Kokosöl und gib die Zucchini-Nudeln hinein.
5. Brate sie rund 5 Minuten an.
6. Vermenge anschließend die Zucchini-Nudeln mit dem Basilikum Pesto.
7. Serviere das Gericht warm und portioniere es auf zwei Tellern.

Zucchini-Avocado-Frittata

425 kcal | 4 g Kohlenhydrate | 10 g Eiweiß | 41 g Fett

2 Port. 15 Min. leicht

Zutaten:

- 6 Schnittlauch-Stiele
- 300 g Zucchini
- Kräutersalz
- Pfeffer
- 1 weiße Küchenzwiebel
- 1 Avocado
- 2 frische Bio-Eier
- 2 EL Kokosöl

Zubereitung:

1. Wasche in einem ersten Schritt die Zucchini und schneide sie in Würfel. Die Zwiebel schälen und klein schneiden. Als Nächstes die Avocado halbieren, den Stein entfernen und das Fruchtfleisch klein schneiden.
2. Den Schnittlauch waschen und in Röllchen schneiden.
3. Erhitze in einer Pfanne das Kokosöl und dünste darin die Zwiebeln und die Zucchini 3 Minuten an.
4. Die Eier miteinander verquirlen und mit etwas Salz und Pfeffer würzen.
5. Gib die Eier nun über die Frittata und lasse sie für 5 Minuten bei mittlerer Hitze anbraten. Anschließend wenden und weiterbraten.
6. Richte zu guter Letzt nun die fertige Frittata auf Tellern an. Servieren und genießen.

Tipp:

Alternativ kannst Du für jedes Bio-Ei 5 EL püriertes Seidentofu oder 1 EL Chiasamen, welche mit 3 Esslöffel im Wasser für ein paar Minuten gezogen sind, verwenden.

Zwiebel-Champignon-Omelett

360 kcal | 3 g Kohlenhydrate | 23 g Eiweiß | 28 g Fett

2 Port. 15 Min. leicht

Zutaten:

- 2 EL raffiniertes Olivenöl
- 100 g Champignons
- Kräutersalz
- Pfeffer
- 1 Strauchtomate
- 6 frische Bio-Eier
- 2 Frühlingszwiebeln
- 4 EL gehackte Petersilie

Zubereitung:

1. Wasche zuerst die Pilze gründlich und schneide sie anschließend in Scheiben. Die Tomate und die Frühlingszwiebeln waschen und klein schneiden. Wasche die Petersilie gründlich ab und hacke sie klein.
2. Verquirle in einer Schüssel nun die Eier miteinander. Mit etwas Kräutersalz und Pfeffer nach Belieben würzen.
3. Gib die Pilze, die Frühlingszwiebeln und die Tomate zu dem Teig hinzu. Verrühre alles miteinander.
4. In einer Pfanne das Olivenöl erhitzen und die Ei-Masse hineingeben. Backe das Omelett nun 5 Minuten aus. Anschließend zusammenklappen und auf Tellern servieren.

Tipp:

Alternativ kannst Du für jedes Bio-Ei 5 EL püriertes Seidentofu oder 1 EL Chiasamen, welche mit 3 Esslöffel im Wasser für ein paar Minuten gezogen sind, verwenden.

Italienische Bruschetta

310 kcal | 22 g Kohlenhydrate | 6 g Eiweiß | 19 g Fett

2 Port. 15 Min. leicht

Zutaten:

- 50 g Grünkohl
- 2 Brötchen siehe Brotvariation „Bella Italia"
- ¼ TL Provence-Kräuter
- 1 EL naturtrüber Apfelessig
- 60 g Oliven o. Stein
- EL Olivenöl extra nativ
- 100 g Kirschtomaten
- 1 Knoblauchzehe
- 1 Bund Rucola
- Salz
- Pfeffer

Zubereitung:

1. Beginne damit den Grünkohl zu waschen, die Blätter vom Stiel zu lösen und alles klein zu schneiden. Anschließend die Oliven in Viertel schneiden. Auch die Kirschtomaten halbieren.
2. Nun den Knoblauch schälen und fein hacken.
3. Vermenge den Knoblauch mit 1 EL Olivenöl sowie den Provence-Kräutern und püriere diese zu einem Pesto. Bei Bedarf 2 EL Wasser hinzugeben und mit Salz und Pfeffer würzen.
4. In einem dritten Schritt den Apfelessig und das restliche Olivenöl mit den Tomaten und dem Rucola vermengen.
5. Röste nun die Brötchen ein wenig im Ofen an und bestreiche sie mit dem Aufstrich. Genieße dazu den Rucola -Tomaten Salat.

Knackiger Walnuss-Brokkoli-Salat

360 kcal | 20 g Kohlenhydrate | 9 g Eiweiß | 26 g Fett

2 Port. | 15 Min. | leicht

Zutaten:

- 50 g Walnusskerne
- 250 g Brokkoli
- 1 Apfel rot
- 2 EL Olivenöl extra nativ
- 2 EL Saft einer unbehandelten Zitrone
- 2 EL Sojajoghurt
- 1 TL flüssiger Waldhonig
- Prise Meersalz
- Prise Pfeffer
- 20 g Sprossen

Zubereitung:

1. Hacke zunächst einmal die Walnüsse grob und röste sie fettfrei in einer Pfanne goldgelb. Putze den Brokkoli und teile ihn in Röschen. Hacke die Röschen dann ganz fein und ebenso die Brokkoli-Stiele.
2. Wasche den Apfel, viertele ihn und befreie ihn vom Kerngehäuse. Schneide zunächst die Apfelviertel in dünne Spalten und dann in feine Stifte.
3. Vermische die Apfelstifte, die Walnüsse und den Brokkoli in einer großen Küchenschüssel.
4. Nun das Olivenöl mit dem Zitronensaft, dem Honig, dem Sojajoghurt, einer Prise Salz und Pfeffer vermischen: Rühre kräftig um, bis ein cremiges Dressing entsteht. Träufele dieses dann über den Salat und lass ihn anschließend gute 15 Minuten durchziehen.
5. Richte den Salat dann auf zwei Tellern an und bestreue ihn noch mit den Sprossen.

Fenchel-Salat

439 kcal | 38 g Kohlenhydrate | 8 g Eiweiß | 28 g Fett

2 Port. 15 Min. leicht

Zutaten:

- 2 EL Walnuss Öl
- 2 Fenchelknollen
- 2 Grapefruits
- 2 EL naturtrüber Apfelessig
- 40 g Walnusskerne
- Meersalz
- Pfeffer

Zubereitung:

1. Beginne damit den Fenchel zu putzen: Entferne das Grün, hacke es fein und stelle es zunächst einmal zur Seite. Halbiere die Fenchelknollen in der Mitte und dünste sie in einem Topf mit Wasser rund 15 Minuten an. Anschließend vom Herd nehmen und auskühlen lassen.
2. In der Zwischenzeit die Grapefruits schälen, die Haut entfernen und die Früchte in Spalten teilen.
3. Für das Dressing nun das Walnussöl mit dem Apfelessig, ein wenig Pfeffer und einer Prise Salz verrühren.
4. Schneide den gegarten Fenchel in feine Streifen und richte ihn zusammen mit den Grapefruit-Spalten auf zwei Tellern an.
5. Gib das Dressing darüber und garniere zum Schluss noch mit den Walnusskernen sowie dem Fenchelgrün.

Mediterraner Salat

305 kcal | 34 g Kohlenhydrate | 13 g Eiweiß | 11 g Fett

2 Port. | 15 Min. | leicht

Zutaten:

- 1 Aubergine
- 1 TL Kurkumapulver
- 200 g Sojajoghurt
- 1 Knoblauchzehe
- Kräutersalz
- Pfeffer
- 250 g Kirschtomaten
- 1 EL raffiniertes Olivenöl
- 1 Glas Kichererbsen

Zubereitung:

1. Putze und wasche zunächst die Aubergine und schneide sie in 1 cm große Würfel. Erhitze nun das Olivenöl in der Pfanne und brate darin unter stetigem Rühren die Auberginenwürfel an, bis sie schön gold-gebräunt sind.
2. Gieße anschließend die Kichererbsen in ein Sieb, spüle sie kalt ab, lass sie gut abtropfen und gib sie dann in eine große Schüssel.
3. Jetzt die Kirschtomaten waschen, halbieren und hinzugeben.
4. Nun die Auberginenwürfel mit einer Prise Meersalz, Pfeffer und dem Kurkumapulver würzen: Ebenfalls in die Schüssel geben. Alles gut miteinander mischen und bei Bedarf mit Salz und Pfeffer nachwürzen.
5. Nun den Sojajoghurt in eine Schale füllen. Die Knoblauchzehe schälen, fein hacken und zum Joghurt hinzugeben. Dieses Dressing ebenfalls mit Salz und Pfeffer abschmecken. Verteile den Knoblauch-Joghurt zum noch warmen Auberginen-Tomaten-Salat.

Sweet-Schoko-Drink

289 kcal | 25 g Kohlenhydrate | 13 g Eiweiß | 13 g Fett

2 Port. | 10 Min. | leicht

Zutaten:

- 1 EL Backkakao
- 200 ml ungesüßter Mandeldrink siehe „Basic-Rezept“
- 150 g Erdbeeren
- 100 g Datteln, entsteint
- 10 g Walnüsse
- 100 g Himbeeren

Zubereitung:

1. Putze erst die Erdbeeren und schneide sie fein. Die Himbeeren waschen.
2. Auch die entsteinten Datteln kleinschneiden.
3. Gib nun alle Zutaten in einen Mixer und verarbeite sie zu einem schön cremigen Smoothie.

Selbstgemachtes Möhren-Hummus

115 kcal | 6 g Kohlenhydrate | 3 g Eiweiß | 8 g Fett

2 Port. 15 Min. leicht

Zutaten:

- 300 g Möhren
- Meersalz
- 2 EL Olivenöl extra nativ
- 1 Knoblauchzehe
- 2 EL einer unbehandelten Zitrone
- 2 EL Sesampaste
- ½ TL Kreuzkümmel
- 1 TL Paprikapulver
- 100 g Kichererbsen aus der Dose

Zubereitung:

1. Schäle und würfele in einem ersten Schritt die Karotten. Gib sie dann in einen kleinen Topf, bedecke sie mit Salzwasser und dünste sie zugedeckt ungefähr 7 Minuten.
2. Brause in der Zwischenzeit die Kichererbsen in einem Sieb kalt ab und lass sie gut abtropfen.
3. Nun noch den Knoblauch schälen und grob hacken.
4. Gieße die Möhren ab, lasse sie abtropfen und gib sie in einen hohen Rührbecher. Nun die Kichererbsen, das Olivenöl und die Knoblauchzehe hinzufügen und mit dem Stabmixer alles zu einer feinen Paste pürieren.
5. Gib zum Schluss noch die Sesampaste (Tahin) hinzu und schmecke alles mit dem Kreuzkümmel, dem Paprikapulver sowie einer Prise Salz ab. Du kannst dieses Hummus in eine kleine Lunchbox füllen und mit zur Arbeit nehmen.

Leichter Tomaten-Rotkohl-Salat

367 kcal | 16 g Kohlenhydrate | 6 g Eiweiß | 29 g Fett

2 Port. 15 Min. leicht

Zutaten:

- 100 g Kirschtomaten
- ½ Salatgurke
- 2 EL naturtrüber Apfelessig
- 200 g Rotkohl
- 100 g Karotten
- Kräutersalz
- Pfeffer
- 2 EL Leinöl

Zubereitung:

1. Schäle zunächst einmal die Salatgurke, wasche und halbiere sie. Nun in Scheiben schneiden. Gib die Gurkenscheiben anschließend mit einer Prise Salz in eine Schüssel und lass sie ein wenig ziehen.
2. Schäle die Karotten und raspele sie.
3. Teile dann den Rotkohl in einzelne Blätter und entferne die harten Mittelrippen. Wasche die Rotkohl-Blätter und schneide sie ganz fein.
4. Auch die Kirschtomaten waschen und halbieren.
5. Vermische die Karotten anschließend mit dem Rotkohl in einer Salatschüssel.
6. Nun für das Dressing das Leinöl mit einer Prise Salz, ein wenig Pfeffer und dem Apfelessig verrühren.
7. Die Gurken nochmals kräftig ausdrücken und zum Karotten-Rotkohlsalat hinzugeben. Alles gut mischen.
8. Gib am Ende das Dressing über den Salat und garniere alles mit den halbierten Kirschtomaten.

Veganes Carpaccio

370 kcal | 13 g Kohlenhydrate | 17 g Eiweiß | 28 g Fett

2 Port. | 15 Min. | leicht

Zutaten:

- 150 g Räuchertofu
- 2 Kohlrabis
- Meersalz
- Pfeffer
- 30 g Basilikum, gehackt
- 4 EL Olivenöl
- 30 g Rucola
- 15 g Petersilie, gehackt

Zubereitung:

1. Den Rucola als Erstes waschen und die Blätter etwas zupfen.
2. Gib nun die Kräuter, den Rucola und das Olivenöl in einen Rührbecher. Alles zu einer feinen Salsa verde Creme pürieren und mit Salz und Pfeffer würzen.
3. Schäle nun die Kohlrabis und hoble sie in kleine Scheiben. Lege diese nun wie einen Fächer auf zwei Teller und gib etwas Salz und Pfeffer darüber.
4. Den Tofu in Stücke schneiden und auf die Kohlrabischeiben verteilen. Zum Schluss träufle das Salsa verde darüber und genieße Dein Basen-Gericht.

Zimt-Quinoa-Traum

230 kcal | 44 g Kohlenhydrate | 5 g Eiweiß | 2 g Fett

2 Port. 10 Min. leicht

Zutaten:

- 30 g Quinoa
- 1 Apfel, rot
- 1 Msp. Ceylon-Zimtpulver
- 20 g Heidelbeeren
- 100 ml Apfelsaft

Zubereitung:

1. Wasche erst den Apfel und entkerne ihn. Anschließend in Scheiben schneiden.
2. Erwärme nun in einem kleinen Topf den Apfelsaft zusammen mit dem Zimtpulver und lass alles ein wenig einköcheln.
3. Gib den Quinoa hinzu und koche alles für weitere 10 Minuten. Nach ungefähr 5 Minuten Kochzeit müssen nun die Apfelscheiben hinzugegeben werden. Nach Belieben kannst Du auch ein wenig Wasser hinzugeben.
4. Nimm die Quinoa-Apfel-Mischung jetzt von der Kochstelle, richte alles auf Tellern an und garniere es mit den Heidelbeeren. Dieses schnelle Gericht eignet sich wunderbar für unterwegs. Lasse es hierzu etwas abkühlen und fülle es in eine Lunchbox zum Mitnehmen.

Omelett mit Chicorée & Petersilie

439 kcal | 3 g Kohlenhydrate | 23 g Eiweiß | 20 g Fett

1 Port. 15 Min. leicht

Zutaten:

- 3 frische Bio-Eier
- 35 g Roter Chicorée
- 5 g Petersilie gehackt
- 1 TL raffiniertes Olivenöl

Zubereitung:

1. Wasche zuerst den Chicorée und schneide ihn klein.
2. Verquirle danach die Petersilie, die Eier und den Chicorée miteinander.
3. Erhitze in einer Pfanne das Olivenöl und gib die Ei-Mischung hinein. Zwischendurch die Ei-Masse in Bewegung halten, sobald das Ei stockt vom Pfannenrand lösen und zusammenklappen oder offen servieren.

Tipp:

Alternativ kannst Du für jedes Bio-Ei 5 EL püriertes Seidentofu oder 1 EL Chiasamen, welche mit 3 Esslöffel im Wasser für ein paar Minuten gezogen sind, verwenden.

Balance-Salat mit Granatapfelkernen

390 kcal | 20 g Kohlenhydrate | 9 g Eiweiß | 28 g Fett

2 Port. 15 Min. leicht

Zutaten:

- ½ Rotkohl
- 70 g Walnusskerne
- 1 Granatapfel (Saft und Kerne)
- 30 g TK-Petersilie
- 60 ml naturtrüber Apfelessig
- 10 ml Walnussöl
- Meersalz
- Pfeffer
- 3 EL Kokosraspel

Zubereitung:

1. Putze den Rotkohl, wasche ihn und schneide ihn ganz fein. Hacke nun die Walnusskerne.
2. Vermische die Rotkohlstreifen im zweiten Schritt mit dem Saft sowie den Kernen des Granatapfels, den gehackten Walnüssen, dem Apfelessig sowie dem Walnussöl. Alles gut vermengen.
3. Schmecke den Salat nach Deinen Vorlieben mit Salz und Pfeffer ab. Richte den Rotkohl-Nuss Salat an und garniere zum Schluss noch mit den Kokosraspeln sowie der Petersilie.

Express-Lauch-Salat mit frischen Kräutern

525 kcal | 56 g Kohlenhydrate | 23 g Eiweiß | 33 g Fett

2 Port. 15 Min. leicht

Zutaten:

- 3 Lauchstangen
- 200 g Sojajoghurt
- 1 Bund Schnittlauch
- 2 Äpfel
- 2 Zwiebeln, rot
- 1 EL raffiniertes Olivenöl
- 1 EL Olivenöl extra nativ
- Prise Meersalz
- Prise Pfeffer
- 2 EL Saft einer unbehandelten Limette
- 1 Bund Petersilie

Zubereitung:

1. Beginne in einem ersten Schritt damit, die Äpfel zu schälen und in Würfel zu schneiden.
2. Den frischen Lauch waschen und in Ringe schneiden.
3. Schäle nun noch die roten Zwiebeln und hacke diese klein.
4. Erhitze in einer Pfanne 1 EL raffiniertes Olivenöl und dünste darin die Zwiebeln glasig an. Nach und nach die Apfelwürfel und den Lauch hinzugeben und alles gut andünsten. Die Pfanne anschließend von der Kochstelle nehmen und zur Seite stellen.
5. Vermenge den Joghurt mit dem extra nativen Olivenöl und dem Limettensaft. Gib es in eine Rührschüssel und würze alles mit Salz Pfeffer.
6. Den frischen Schnittlauch waschen und in kleine Röllchen schneiden. Die frische Petersilie ebenfalls waschen und klein hacken.
7. Gib die Apfel-Zwiebel-Mischung zusammen mit der Petersilie und dem Schnittlauch in eine Schüssel und vermenge alles gründlich miteinander.
8. Das Dressing darüber geben und alles auf Tellern anrichten und servieren.

Suppen

Suppen sind ideale Mahlzeiten zum Abnehmen, sowohl für eine basische Ernährung als auch für das Büro. Hier gibt es viele verschiedene und sehr gesunde Variationen, die angenehm wärmend und äußerst sättigend sind. Für die heißen Sommertage gibt es ebenfalls kalte und kühlende Suppen wie den Klassiker Gazpacho. Wenn Du am Arbeitsplatz keine Möglichkeit hast, die Suppe aufzuwärmen, kannst Du die Suppe in speziellen Warmhaltebehältern mitnehmen.

Suppen sind schnell und einfach zubereitet. Hiervon kannst Du auch größere Mengen kochen und davon zwei Tage essen. Alternativ kannst Du Suppen in einer Tupperdose einfrieren. So brauchst Du sie nur aufzutauen und kannst Sie am nächsten Tag bequem mitnehmen. Wenn Du Detox-Basenfasten machst, kannst Du darüber hinaus ganze Suppen-Fastentage einlegen: Das heißt, Du kannst mittags eine Suppe genießen und abends eine andere Rezeptvariation.

Suppen sind zudem sehr gesund. Sie versorgen Deinen Körper mit reichlich Flüssigkeit und tun gerade dem Darm richtig gut. Die Verdauungsprozesse können besser ablaufen und der Körper wird mit einer Vollladung an wertvollen Nähr- und Vitalstoffen versorgt. Finde Deine Lieblings-Suppenrezepte und probiere gerne eigene Kreationen aus. Lass es Dir richtig gut schmecken und vergiss nicht: Immer schön für Abwechslung sorgen. So macht gesunde Ernährung Freude!

Basische Tomaten-Suppe mit Basilikum-Cashew-Schaum

285 kcal | 15 g Kohlenhydrate | 9 g Eiweiß | 20 g Fett

2 Port. 20 Min. leicht

Zutaten:

- 4 Strauchtomaten
- 1 rote Chilischote
- 1 Knoblauchzehe
- 2 EL raffiniertes Olivenöl
- 400 ml natürliche Gemüsebrühe siehe „Basic-Rezept"
- ½ Bund frisches Basilikum
- 50 g Cashew-Mus
- Meersalz
- Pfeffer

Zubereitung:

1. Wasche die Tomaten, entferne den Stielansatz und schneide sie in kleine Würfel.
2. Wasche auch die Chilischote, schneide sie der Länge nach auf und entferne die weißen Trennwände sowie die Kerne. Schneide die Schote dann in feine Ringe.
3. Schäle die Knoblauchzehe und drücke sie anschließend durch die Knoblauchpresse.
4. Erhitze das Olivenöl in einem Topf und brate darin die Tomatenwürfel, den Knoblauch und die Chili-Röllchen an.
5. Lösche alles mit der Gemüsebrühe ab und lass die Suppe rund 10 Minuten bei mittlerer Hitzezufuhr einköcheln. Rühre gelegentlich um.
6. Nun das Basilikum waschen, trockenschütteln und die Blättchen von den Stielen zupfen. Die Blätter zusammen mit dem Cashew-Mus sowie 50 ml Wasser in ein hohes Rührgefäß geben und mit dem Pürierstab schön aufschäumen.
7. Schmecke die Tomatensuppe nun noch mit Meersalz und Pfeffer ab. Richte sie in Schüsseln an und gib den Basilikum-Cashew-Schaum darüber.

Cremige & aromatische Spargel-Suppe

460 kcal | 10 g Kohlenhydrate | 7 g Eiweiß | 41 g Fett

2 Port. 20 Min. leicht

Zutaten:

- 500 g weißer Spargel
- 2 EL raffiniertes Olivenöl
- 750 ml natürliche Gemüsebrühe siehe „Basic-Rezept"
- 1 Bund frischer Kerbel
- 200 g Bio-Sahne
- 2 TL Saft einer unbehandelten Zitrone
- Meersalz
- Pfeffer
- 1 TL frisch geriebene Muskatnuss

Zubereitung:

1. Schäle den Spargel und schneide die holzigen Enden ab. Anschließend in kleine Stücke schneiden.
2. Erhitze das Olivenöl in einem Topf und dünste darin den Spargel 2 bis 3 Minuten an.
3. Dann mit der Gemüsebrühe ablöschen und bei mittlerer Hitzezufuhr 10 Minuten weiterköcheln lassen, bis die Spargelstücke weich sind.
4. Zwischenzeitlich den frischen Kerbel waschen, trocken schütteln und die Blättchen abzupfen. Die Hälfte des Kerbels für die spätere Verzierung zur Seite stellen. Den Rest ganz fein hacken und zusammen mit der Sahne sowie dem Zitronensaft zum Spargel hinzugeben.
5. Nun die Suppe mit dem Pürierstab ganz fein pürieren.
6. Schmecke anschließend ganz nach Deinem Wunsch die Spargelsuppe mit Muskatnuss, Meersalz und Pfeffer ab.
7. Verteile die Spargel-Cremesuppe auf Schüsseln und garniere mit dem beiseite gestellten Kerbel.

Tipp:

Sahne in Bio-Qualität wird als „neutral" eingestuft und gilt nicht als Säurebildner. Alternativ kannst Du Sojasahne verwenden.

Kürbis-Suppe mit Linsen

305 kcal | 37 g Kohlenhydrate | 12 g Eiweiß | 11 g Fett

2 Port. | 10 Min. | leicht

Zutaten:

- 300 g Hokkaido Kürbis
- 1 große Karotte
- 1 Knoblauchzehe
- 1 Küchenzwiebel
- 1 EL Kokosöl
- 50 g gelbe Linsen
- 700 ml natürliche Gemüsebrühe siehe „Basic-Rezept"
- Meersalz
- Pfeffer
- 1 Msp. frisch geriebene Muskatnuss
- ½ Bund frische glatte Petersilie
- 2 EL Kürbiskerne

Zubereitung:

1. Wasche den Kürbis heiß ab, putze und entkerne ihn. Schäle die Karotte und schneide beides in grobe Würfel.
2. Schäle nun die Zwiebel und würfele auch diese.
3. Schäle die Knoblauchzehe und drücke diese dann durch die Presse.
4. Erhitze in einem Topf das Kokosöl: Gib nun die Kürbis- und Karottenwürfel, die Zwiebel, den Knoblauch sowie die gelben Linsen hinzu. Alles 3 bis 4 Minuten bei mittlerer Hitzezufuhr anbraten.
5. Nun die Gemüsebrühe hinzugießen und alles zugedeckt 15 Minuten kochen lassen. Rühre hin und wieder um.
6. Püriere die Suppe mit dem Pürierstab ganz fein und würze sie nach Deinem Geschmack mit Meersalz, Pfeffer und Muskatnuss.
7. Wasche die Petersilie und hacke sie fein.
8. Gib die Suppe in tiefe Teller und garniere sie mit der frisch gehackten Petersilie sowie den Kürbiskernen.

Karotten-Fenchel-Suppe

150 kcal | 8 g Kohlenhydrate | 2 g Eiweiß | 12 g Fett

2 Port. 10 Min. leicht

Zutaten:

- 2 Karotten
- 1 Fenchelknolle
- 1 Küchenzwiebel
- 2 EL raffiniertes Olivenöl
- 750 ml natürliche Gemüsebrühe siehe „Basic-Rezept“
- 3 Stängel frische glatte Petersilie
- ½ TL gemahlener Koriander
- Meersalz
- Pfeffer

Zubereitung:

1. Die Karotten schälen und grob würfeln.
2. Nun die Fenchelknolle putzen, waschen und fein würfeln.
3. Auch die Küchenzwiebel schälen und klein würfeln.
4. Erhitze das Olivenöl in einem Topf und dünste darin die Zwiebel 1 bis 2 Minuten glasig an.
5. Dann den Fenchel und die Karottenwürfel hinzugeben und bei großer Hitzezufuhr 3 Minuten anbraten.
6. Lösche alles mit der Gemüsebrühe ab und lasse die Suppe zugedeckt 10 Minuten köcheln. Rühre zwischendurch um.
7. Püriere nun mit einem Pürierstab die Suppe schön fein und schmecke mit dem Koriander, einer Prise Meersalz und Pfeffer ab.
8. Wasche die Petersilie, schüttele sie trocken und zupfe die Blättchen von den Stängeln.
9. Richte die Suppe in Schüsselchen an und garniere sie mit der frischen Petersilie.

Kalte Champignon-Suppe

180 kcal | 11 g Kohlenhydrate | 8 g Eiweiß | 10 g Fett

2 Port. 20 Min. leicht

Zutaten:

- 250 g braune Champignons
- 1 Schalotte
- 50 g Cashew-Mus
- 4 Thymianzweige
- 1 Knoblauchzehe
- Meersalz
- Pfeffer

Zubereitung:

1. Putze zunächst die Champignons.
2. Nun die Schalotte und die Knoblauchzehe schälen und grob würfeln.
3. Gib alles zusammen mit dem Cashew-Mus sowie 500 ml Wasser in einen Hochleistungsmixer und mixe daraus eine Suppe.
4. Schmecke nun die Suppe mit Salz und Pfeffer ab.
5. Verteile die Champignon-Suppe auf zwei Schüsselchen.
6. Wasche den Thymian und zupfe die Blättchen von den Stielen. Hacke die Blättchen schön fein und garniere damit die Champignon-Suppe.

Kalte Avocado-Gurken-Suppe

369 kcal | 8 g Kohlenhydrate | 7 g Eiweiß | 36 g Fett

2 Port. 15 Min. leicht

Zutaten:

- 1 Salatgurke
- ½ Avocado
- 50 g Cashew-Mus
- 1 EL Saft einer unbehandelten Zitrone
- 1 EL Olivenöl extra nativ
- Meersalz
- Pfeffer
- 2 EL Sonnenblumenkerne
- 3 EL frische Gartenkresse

Zubereitung:

1. Putze und wasche die Salatgurke und würfele das Fruchtfleisch dann grob.
2. Gib die Gurkenwürfel nun mit dem Avocado-Fruchtfleisch, dem Cashew-Mus, dem Zitronensaft, dem Olivenöl sowie 500 ml Wasser in einen Hochleistungsmixer und verarbeite alles zu einer Suppe.
3. Würze die Suppe im Anschluss nach Deinem Geschmack mit Salz und Pfeffer und gib diese in zwei Schüsselchen.
4. Garniere zum Schluss mit den Sonnenblumenkernen sowie der Gartenkresse.

Grüne Kokos-Suppe

268 kcal | 10 g Kohlenhydrate | 8 g Eiweiß | 20 g Fett

2 Port. 25 Min. leicht

Zutaten:

- 3 gekochte Kartoffeln
- 1 Zucchini
- 300 g Brokkoli
- 200 ml Kokosmilch
- 600 ml natürliche Gemüsebrühe siehe „Basic-Rezept"
- 40 g fein geriebener, frischer Ingwer
- 2 EL Kokosöl
- 2 EL Leinsamen
- Meersalz
- Pfeffer
- Saft einer unbehandelten Zitrone

Zubereitung:

1. Schäle die gekochten Kartoffeln und schneide sie in kleine Würfel.
2. Schäle und wasche die Zucchini und schneide das Fruchtfleisch dann in kleine Stücke.
3. Den Brokkoli putzen und in Röschen zerteilen.
4. Erhitze das Kokosöl in einem Topf und dünste darin 5 Minuten die Brokkoli-Röschen und die Zucchini an.
5. Lösche alles mit der Gemüsebrühe ab und gib die Kartoffelwürfel sowie den geriebenen Ingwer hinzu. Bei geringer Hitzezufuhr 10 Minuten köcheln lassen und gelegentlich umrühren.
6. Gieße nun die Kokosmilch in den Topf und püriere die Suppe mit einem Stabmixer ganz fein, bis sie eine schön feincremige Konsistenz hat.
7. Zum Schluss noch den Zitronensaft hinzugeben und nach eigenem Geschmack mit Salz und Pfeffer abschmecken.
8. Verteile die Suppe auf zwei Schälchen und gib die Leinsamen darüber.

Schnelle Kohlrabi-Suppe

90 kcal | 11 g Kohlenhydrate | 5 g Eiweiß | 3 g Fett

2 Port. | 10 Min. | leicht

Zutaten:

- 250 g Kohlrabi – geschält und fein gewürfelt
- 1 festkochende Kartoffel
- ½ Küchenzwiebel
- 1 EL raffiniertes Olivenöl
- 300 ml natürliche Gemüsebrühe siehe „Basic-Rezept“
- 50 ml ungesüßter Sojadrink
- Meersalz
- Pfeffer
- 2 EL frische Gartenkresse

Zubereitung:

1. Schäle die Kartoffel, würfele sie und koche sie in Salzwasser schön gar.
2. Schäle nun die Küchenzwiebel und hacke sie ganz fein.
3. Erhitze das Olivenöl in einem Topf und röste darin die Zwiebeln, anschließend die Kohlrabi- sowie die Kartoffelwürfel an.
4. Lösche alles mit der Gemüsebrühe ab und lass die Suppe bei schwacher Hitzezufuhr 8 bis 10 Minuten weiterköcheln.
5. Püriere die Suppe mit dem Stabmixer und gieße den Sojadrink hinzu.
6. Nach eigenem Geschmack das Gericht mit Meersalz und Pfeffer abschmecken und mit der frischen Gartenkresse garnieren.

Kalte Kartoffel-Lauch-Suppe

132 kcal | 9 g Kohlenhydrate | 4 g Eiweiß | 6 g Fett

2 Port. 15 Min. leicht

Zutaten:

- 100 g Sojajoghurt
- 1 Lauchstange
- 2 EL raffiniertes Olivenöl
- 500 ml natürliche Gemüsebrühe siehe „Basic-Rezept"
- 6 Blätter gehackter Salbei
- Meersalz
- Pfeffer
- Etwas Muskatnuss
- 2 festkochende Kartoffeln
- Abgeriebene Schale von einer halben unbehandelten Zitrone

Zubereitung:

1. Putze den Lauch, wasche ihn und schneide ihn in feine Ringe.
2. Schäle die beiden Kartoffeln und schneide sie dann in Würfel.
3. Erwärme das Olivenöl in einem Topf und dünste darin ungefähr 5 Minuten den Lauch an.
4. Anschließend die Kartoffelwürfel hinzugeben.
5. Gieße die Gemüsebrühe hinein und lasse die Suppe zugedeckt 15 Minuten köcheln.
6. Als Nächstes den gehackten Salbei zur Suppe geben und mit einem Stabmixer alles zu einer cremigen Konsistenz pürieren.
7. Mit Salz, Pfeffer und Muskatnuss abschmecken.
8. Lass die Suppe auf Zimmertemperatur abkühlen und rühre den Sojajoghurt sowie die abgeriebene Zitronenschale unter. Stelle die Suppe dann im Kühlschrank kalt.

Orientalische Kurkuma-Möhren-Suppe

187 kcal | 16 g Kohlenhydrate | 3 g Eiweiß | 7 g Fett

2 Port. 15 Min. leicht

Zutaten:

- 4 große Möhren
- 1 Küchenzwiebel
- 2 EL raffiniertes Olivenöl
- 100 ml Saft von unbehandelten Orangen
- Meersalz & Pfeffer
- 2 TL Kurkumapulver
- 4 EL frisch gehackte Petersilie

Zubereitung:

1. Zunächst die Möhren schälen, waschen und in Scheiben schneiden.
2. Dann die Küchenzwiebel schälen und fein würfeln.
3. Erhitze in einem Topf das Olivenöl und dünste darin die Zwiebeln glasig an.
4. Gib anschließend die Möhren hinzu und lass sie einige Minuten mitdünsten.
5. Lösche alles mit 500 ml Wasser ab und würze nach Deinem Geschmack mit Meersalz und Pfeffer.
6. Gib nun das Kurkumapulver hinzu, reduziere die Hitzezufuhr und lass die Suppe eine halbe Stunde köcheln.
7. Nimm die Suppe dann von der Herdplatte und püriere sie mit dem Stabmixer schön cremig.
8. Gib zum Abschluss den Orangensaft hinzu und streue als Garnitur die frisch gehackte Petersilie darüber.

Brokkoli-Kokos-Suppe

401 kcal | 15 g Kohlenhydrate | 12 g Eiweiß | 31 g Fett

2 Port. 30 Min. leicht

Zutaten:

- 1 kleine Küchenzwiebel
- 1 Stückchen Ingwer – ca. 3 cm
- 1 Knoblauchzehe
- 250 g Brokkoli-Röschen
- 1 EL Kokosöl
- 400 ml natürliche Gemüsebrühe siehe „Basic-Rezept"
- 100 g Erbsen (TK)
- 4 Stangen Koriandergrün
- 200 ml Kokosmilch
- 2 EL geröstete Cashewkerne
- 2 TL Saft einer unbehandelten Limette
- Meersalz
- Pfeffer

Zubereitung:

1. Zunächst den Brokkoli putzen, waschen und in Röschen teilen. Dann die Stiele schälen und grob würfeln.
2. In einem weiteren Schritt die Küchenzwiebel, den Ingwer und die Knoblauchzehe schälen und ebenfalls klein würfeln.
3. Nun den Koriander waschen, die Blätter zupfen und die Stiele kleinschneiden.
4. Erwärme als Nächstes das Kokosöl in einem Topf. Dünste darin rund 4 Minuten die Ingwer-, Knoblauch- und Zwiebelwürfel an. Gib dann die Brokkoli-Röschen, den Koriander und die Erbsen hinzu. Dünste alles ca. 5 Minuten an.
5. Gieße die Kokosmilch sowie die Gemüsebrühe hinzu und schmecke alles mit Pfeffer und Salz ab. Lasse alles noch einmal zugedeckt aufkochen und gare es eine Viertelstunde lang.
6. Hacke die Cashewkerne für das Topping klein.
7. Mixe die Suppe mit dem Pürierstab fein durch und schmecke alles mit dem Saft der Limette ab.
8. Richte die Suppe an und garniere sie mit den Cashewkernen.

Rote Linsen-Sellerie-Suppe

206 kcal | 28 g Kohlenhydrate | 9 g Eiweiß | 5 g Fett

2 Port. 15 Min. leicht

Zutaten:

- 500 ml natürliche Gemüsebrühe siehe „Basic-Rezept“
- 2 mittelgroße Möhren
- 1 EL raffiniertes Olivenöl
- 2 TL Kurkumapulver
- Meersalz
- Pfeffer
- 2 EL frisch gehackte Petersilie
- 30 g gewürfelte rote Küchenzwiebel
- 1 Knoblauchzehe
- 200 g Staudensellerie
- 1 TL Currypulver
- 100 g rote Linsen

Zubereitung:

1. Zunächst einmal die Möhren schälen und fein würfeln.
2. Ebenso die Zwiebel schälen und hacken.
3. Den Staudensellerie putzen, waschen und fein würfeln.
4. Nun das Olivenöl in einem Topf erwärmen und darin die Möhrenwürfel, die Zwiebel, den gewürfelten Stangensellerie sowie die fein gehackte Knoblauchzehe dünsten.
5. Gib anschließend das Kurkumapulver, die fein gehackte Petersilie sowie das Currypulver hinzu. Alles 5 Minuten weiterköcheln lassen.
6. Lösche die Suppe mit der Gemüsebrühe ab und füge die roten Linsen hinzu.
7. Lasse alles bei schwacher Hitze rund 30 Minuten köcheln.
8. Sobald die Linsen weich sind, die Suppe vom Herd nehmen. Gib noch einen Spritzer Olivenöl extra nativ hinzu und richte alles auf Tellern an.

Vitalstoffreiche Minestrone

201 kcal | 27 g Kohlenhydrate | 8 g Eiweiß | 6 g Fett

2 Port. 20 Min. leicht

Zutaten:

- 200 g Kartoffeln
- 150 g Möhren
- 150 g grüne TK-Bohnen
- 200 g Lauch
- 4 geschälte Tomaten aus der Dose
- 1 EL raffiniertes Olivenöl
- 1,2 l natürliche Gemüsebrühe siehe „Basic-Rezept"
- Meersalz
- Pfeffer

Zubereitung:

1. Schäle die Kartoffeln und schneide sie in kleine Stückchen.
2. Auch die Möhren schälen und in kleine Scheiben schneiden.
3. Die grünen Bohnen in kleine Stücke schneiden.
4. Den Lauch putzen, waschen und in feine Ringe schneiden.
5. Nun noch die Tomaten kleinschneiden.
6. Erhitze das Olivenöl in einem Topf und brate darin die Kartoffeln unter stetigem Rühren an. Würze diese mit einer kleinen Prise Meersalz.
7. Lösche alles mit der Gemüsebrühe ab und lass die Suppe einmal aufkochen.
8. Gib im Anschluss die Möhren und die grünen Bohnen hinzu und lass die Suppe zugedeckt 7 Minuten köcheln.
9. Mische zum Schluss die Tomaten und die Lauch-Ringe unter und koche die Suppe noch 5 Minuten weiter. Mit Pfeffer und eventuell noch Salz abschmecken.

Sellerie-Ingwer-Suppe

180 kcal | 15 g Kohlenhydrate | 15 g Eiweiß | 7 g Fett

2 Port. 15 Min. leicht

Zutaten:

- 200 g Knollensellerie
- 400 g Topinambur
- 200 g Lauch
- 10 g frischer Ingwer
- 400 ml ungesüßter Sojadrink
- 800 ml natürliche Gemüsebrühe siehe „Basic-Rezept"
- Meersalz
- Pfeffer

Zubereitung:

1. Schäle den Knollensellerie und schneide ihn mit der Topinambur in kleine Stücke.
2. Den Lauch putzen, waschen und in feine Streifen schneiden.
3. Den Ingwer schälen und fein hacken.
4. Bringe nun die Gemüsebrühe zum Kochen.
5. Sellerie und Topinambur hineingeben und 7 Minuten köcheln lassen.
6. Den Ingwer und den Lauch untermischen und die Suppe weitere 5 Minuten köcheln.
7. Gib anschließend den Sojadrink hinein und koche die Suppe zugedeckt noch 2 Minuten.
8. Püriere sie mit dem Stabmixer fein durch und schmecke sie mit Meersalz und Pfeffer ab.

Green-Soup

218 kcal | 22 g Kohlenhydrate | 7 g Eiweiß | 6 g Fett

2 Port. | 20 Min. | leicht

Zutaten:

- 1 Bund frische Petersilie
- 200 g Lauch
- 200 g Kartoffeln
- 400 g Brokkoli
- 4 EL Sojasahne
- 1,2 l natürliche Gemüsebrühe siehe „Basic-Rezept"
- Meersalz
- Pfeffer

Zubereitung:

1. Schäle die Kartoffeln und schneide sie in kleine Stücke.
2. Wasche die Petersilie, schüttele sie trocken und hacke sie ganz fein.
3. Nun den Lauch putzen und in feine Ringe schneiden.
4. Den Brokkoli putzen, in Röschen zerteilen und waschen.
5. Bringe die Gemüsebrühe zusammen mit den Kartoffeln und der Petersilie zum Kochen. Zugedeckt rund 8 Minuten kochen lassen.
6. Gib dann den Lauch sowie den Brokkoli hinzu und lass die Suppe weitere 6 Minuten köcheln.
7. Rühre zum Schluss die Sojasahne unter und schmecke die Suppe mit Meersalz und Pfeffer ab.

Mittag- und Abendgerichte

Basische Mittags- und Abendgerichte sind sehr wichtig. Sie müssen nämlich nicht nur zu 80 % basenbildende Lebensmittel enthalten, sondern ebenso gut schmecken und ausreichend sättigen. Das ist wichtig, damit keine nachmittäglichen und sowie abendlichen Heißhungerattacken auftreten.

In diesem Kapitel wirst Du sehen, wie vielseitig, köstlich und abwechslungsreich eine basisch-gesunde Ernährung sein kann. Die Gerichte in diesem Kapitel sollen Deine Gesundheit, Deine Leistungs- und Konzentrationsfähigkeit und auch Dein Wohlbefinden fördern.

Du hast viele verschiedene kulinarische Möglichkeiten, dadurch sind Deinen Kreationen absolut keine Grenzen gesetzt! Experimentiere gerne nach eigenen Vorstellungen mit vitaminreichem Obst, mit unterschiedlichen Gemüsesorten, Hülsenfrüchten oder Samen.

Viel Freude beim Nachkochen und Genießen!

Kräuter-Süßkartoffeln auf mediterrane Art

300 kcal | 41 g Kohlenhydrate | 3 g Eiweiß | 14 g Fett

2 - 3 Port. 20 Min. leicht

Zutaten:

- 2 Zwiebeln
- 2 Knoblauchzehen
- 600 g Süßkartoffeln
- 6 Thymianzweige
- 3 Rosmarinzweige
- 4 EL raffiniertes Olivenöl
- Prise Meersalz
- Prise Pfeffer

Zubereitung:

1. In einem ersten Schritt die Süßkartoffeln schälen und in Scheiben schneiden. Schäle nun die Zwiebel und schneide diese ebenfalls klein.
2. Die frischen Rosmarin- und Thymianzweige waschen, von den Stielen lösen und klein hacken. Gib die Kräuter in eine Schüssel und vermenge sie mit etwas Meersalz, Pfeffer sowie dem Olivenöl.
3. Den Knoblauch ebenso schälen und zu dem Kräuter-Olivenöl-Gemisch pressen.
4. Wende nun die Zwiebeln und die Süßkartoffeln in diesem Kräuter Öl.
5. Anschließend die Mediterrane Zwiebel-Kartoffel-Mischung in eine ofenfeste Form geben und bei 200 Grad Ober- und Unterhitze für 30 Minuten backen.
6. Alles aus dem Ofen nehmen und genießen!

Süßkartoffel-Pommes mit frischem Dip

460 kcal | 58 g Kohlenhydrate | 10 g Eiweiß | 22 g Fett

2 Port. 30 Min. leicht

Zutaten für die Pommes:

- 3 EL Sojajoghurt
- 1 kg Süßkartoffeln
- 3 EL raffiniertes Olivenöl
- 1 EL Thymianblätter
- 2 TL Kreuzkümmelsamen
- 2 TL Paprikapulver, edelsüß
- Etwas Kräutersalz

Zutaten für den Dip:

- 1 Avocado
- 150 g Erbsen (TK, bereits aufgetaut)
- 1 Stück Ingwer (3 cm groß, gehackt)
- 2 EL Saft einer unbehandelten Limette
- 1 Knoblauchzehe
- 10 Minzblätter

Zubereitung:

1. Schäle die Kartoffeln und schneide sie in Spalten. Lege diese anschließend auf ein mit Backpapier ausgelegtes Backblech und beträufele sie mit dem Olivenöl. Würze alles mit dem Kreuzkümmel, Meersalz, dem Paprikapulver, dem Thymian und gibt den Sojajoghurt darüber. Im Ofen die Süßkartoffeln 20 Minuten bei 220 Grad backen.
2. Gib für den Dip die Erbsen in einen Multi-Zerkleinerer.
3. Die Avocado halbieren, entsteinen und das Fruchtfleisch herauslösen.
4. Den Knoblauch schälen und klein hacken.
5. Gib die Avocado, den Knoblauch und den Ingwer zu den Erbsen.
6. Wasche die frischen Minzblätter und hacke diese etwas klein.
7. Den Limettensaft mit 2 EL Wasser und der Minze zu den Erbsen geben, pürieren; salzen und pfeffern. Zusammen mit den Kartoffeln servieren.

Herbst-Salat mit Vitamin-Power

440 kcal | 40 g Kohlenhydrate | 10 g Eiweiß | 28 g Fett

4 Port. 20 Min. leicht

Zutaten:

- 50 g Cashewkerne
- 400 g Grünkohlblätter
- 3 EL Sesampaste (Tahin)
- 1 unbehandelte Zitrone
- 1 unbehandelte Orange
- Meersalz
- Pfeffer
- 700 g Hokkaido-Kürbis
- 1 Granatapfel
- 1 Knoblauchzehe
- ¼ TL Chiliflocken
- 3 EL raffiniertes Olivenöl

Zubereitung:

1. Den Grünkohl waschen, ihn von dem Stiel entfernen und klein schneiden. Die Zitrone auspressen und die Grünkohlblätter mit etwas Salz und 2 EL Zitronensaft vermengen und 30 Minuten ziehen lassen.
2. Wasche den Kürbis und schneide ihn in dünne Spalten.
3. Den Knoblauch schälen, pressen und mit der Hälfte der Chiliflocken, dem Öl und dem Kürbis vermengen. Die Mischung auf ein mit Backpapier ausgelegtes Backblech legen. Würze alles mit Salz und Pfeffer und backe den Kürbis für 25 bis 30 Minuten bei 180 Grad.
4. In der Zwischenzeit den Granatapfel halbieren und die Kerne herausholen.
5. Die Orange auspressen und den Saft mit dem restlichen Zitronensaft, der Tahin und 6 EL Wasser vermischen. Alles mit Salz und Pfeffer und den restlichen Chiliflocken würzen und mit dem Grünkohl vermengen.
6. Die Cashewkerne etwas klein hacken.
7. Den Salat auf einem Teller anrichten oder in eine Lunch-Box geben. Den Kürbis darüberlegen und alles mit den Granatapfelkernen und den Nusskernen garnieren.

Kräuter-Spieße mit Tofu

275 kcal | 3 g Kohlenhydrate | 9 g Eiweiß | 25 g Fett

4 Port. 15 Min. leicht

Zutaten:

- 8 Holzspieße
- 2 Knoblauchzehen
- 2 EL zimmerwarmer Sojajoghurt
- 4 TL Saft von einer unbehandelten Zitrone
- Etwas Salz
- 100 g schwarze Oliven ohne Stein
- 50 ml Walnussöl
- 1 TL Reissirup
- 300 g Tofu
- 1 TL gemahlener Rosmarin
- 2 EL raffiniertes Olivenöl

Zubereitung:

1. Vermenge zuerst den Sojajoghurt mit 2 TL Zitronensaft.
2. Den Knoblauch schälen und dazu pressen. Gib nach und nach das Walnussöl hinzu und verrühren alles mit dem Schneebesen. Rühre solange, bis eine schöne Creme entstanden ist.
3. Schneide in einem dritten Schritt den Tofu in Würfel. Erhitze in einer Pfanne das Öl und brate den Tofu darin für 5 Minuten an. Gib den Rosmarin, 2 EL Zitronensaft, 1 Prise Salz und den Reissirup hinzu und brate alles nochmals gut an.
4. Stecke nun abwechselnd den Tofu mit den Oliven auf Spieße. Serviere die spanische Creme dazu und genieße Dein Gericht.

Tipp:

Lass die Holzspieße vorher eine Nacht in kaltem Wasser ziehen, damit diese beim Braten nicht verbrennen. Wenn dafür keine Zeit ist, kann man die Spieße auch 2 Stunden vorher im heißen Wasser ziehen lassen.

Pilz-Kräuter-Salat

384 kcal | 19 g Kohlenhydrate | 18 g Eiweiß | 23 g Fett

2 Port. 15 Min. leicht

Zutaten:

- 250 g Champignons
- 6 Stängel frische Petersilie
- 100 g getrocknete Tomaten in Öl
- 4 EL Olivenöl extra nativ
- 1 EL naturtrüber Apfelessig
- Salz
- Pfeffer

Zubereitung:

1. Putze die Champignons und schneide diese schön in feine Scheiben. Brause dann die Petersilie kalt ab, schüttele sie trocken und zupfe die Blättchen der Stängel. Hacke die Stängel grob und die Blätter ganz fein.
2. Die gehackten Petersilienstängel mit dem Olivenöl, dem Essig sowie einer getrockneten Tomate in einen hohen Rührbecher geben und mit dem Pürierstab fein mixen. Würze mit Salz und Pfeffer nach Deinem Geschmack.
3. Hacke am Ende die restlichen getrockneten Tomaten. Vermische anschließend alle Zutaten in einer Schüssel und garniere mit den gehackten Petersilien-Blättchen.

Ofen-Zucchini mit Knoblauch

205 kcal | 17 g Kohlenhydrate | 7 g Eiweiß | 8 g Fett

4 Port. 30 Min. leicht

Zutaten:

- 200 g Bulgur
- 4 Knoblauchzehen
- 2 Zucchini
- 400 g Zwiebeln
- 800 g Strauchtomaten
- 6 EL raffiniertes Olivenöl
- Kräutersalz
- Pfeffer

Zubereitung:

1. Zuerst den Knoblauch und die Zwiebeln schälen und würfeln. Die Tomaten waschen und in Würfel schneiden.
2. In einer Pfanne 1 EL Olivenöl erhitzen und die Knoblauch- und Zwiebelwürfel andünsten. Anschließend herausnehmen und zur Seite stellen.
3. Gib nun 220 ml Wasser in die Pfanne und koche den Bulgur darin für 2 Minuten auf. Anschließend vom Herd nehmen und 10 Minuten quellen lassen. Gib die Knoblauch- und Zwiebelwürfel hinzu.
4. Wasche die Zucchini und halbiere diese. Löse das Fruchtfleisch heraus und befülle die Zucchini mit der Zwiebel-Knoblauch-Mischung. Jede Hälfte mit noch ½ EL Olivenöl beträufeln, salzen und pfeffern.
5. Gib 1 EL Olivenöl in die Pfanne. Nach und nach die Tomaten und 50 ml Wasser hinzugeben. Mit Salz abschmecken und die Zucchini damit bestreichen. Gib die Zucchini nun in die Pfanne und gare sie für 25 Minuten bei geschlossenem Deckel.
6. Zum Schluss den Ofen auf 180 Grad aufheizen und die Zucchini auf ein Backblech legen und für 10 Minuten backen.

Süßer Apfel-Auflauf

492 kcal | 58 g Kohlenhydrate | 7 g Eiweiß | 28 g Fett

2 Port. 15 Min. leicht

Zutaten:

- 1 TL Zimtpulver
- 75 g vegane Margarine
- 100 g Dinkelmehl
- 2 Äpfel
- 40 g Kokosblütenzucker
- 1 EL Cranberrys
- 40 g gehackte Walnüsse

Zubereitung:

1. Fette zuerst mit 5 g Margarine 4 Förmchen aus.
2. Vermenge nun in einer Rührschüssel das Mehl mit dem Zimt und dem Zucker.
3. Die vegane Margarine schmelzen und unter den Teig mischen. Knete alles gründlich durch, sodass Brösel entstehen.
4. Schäle, entkerne und schneide die Äpfel klein. Verteile diese anschließend in die Förmchen.
5. Die gehackten Walnüsse und die Cranberrys darüber geben. Die Streusel darauf verteilen und im Ofen für 20 Minuten bei 180 Grad backen.
6. Die Mini-Gratins herausnehmen und etwas auskühlen lassen. Guten Appetit!

Gemüse-Lasagne

310 kcal | 27 g Kohlenhydrate | 15 g Eiweiß | 12 g Fett

4 Port. 40 Min. leicht

Zutaten:

- 600 g Spinat
- 300 g Dinkelmehl
- Etwas Kurkumapulver
- 800 g Butternutkürbis
- Etwas Meersalz

Zubereitung:

1. In einem ersten Schritt den Kürbis sehr klein schneiden und ihn anschließend in kochendes Wasser legen. Kurkuma hinzugeben und mitkochen lassen.
2. Wasche nun den Spinat und gare ihn in einem zweiten Topf mit Wasser.
3. Zerstampfe anschließend den Kartoffelbrei und den Spinat.
4. Gib zusätzlich 175 ml Wasser zum Mehl hinzu und knete daraus einen Teig. Gib noch etwas Wasser oder Mehl hinzu, bis der Teig nicht mehr klebt.
5. Forme daraus Lasagneplatten mit einer Nudelmaschine oder mit dem Nudelholz, rolle und schneide diese aus.
6. In eine Auflaufform nun schichtweise die Lasagneplatten, Spinat und Kürbis hineingeben und für 30 bis 45 Minuten bei 200 Grad backen.
7. Die Gemüse-Lasagne herausnehmen und genießen. Du kannst dieses Gericht auch wunderbar mit in die Arbeit nehmen. Es eignet sich perfekt zum Aufwärmen im Backofen oder der Mikrowelle.

Champignon-Gratin mit Kräutern

239 kcal | 30 g Kohlenhydrate | 9 g Eiweiß | 8 g Fett

2 Port. | 20 Min. | leicht

Zutaten:

- 1 Knoblauchzehe
- 150 ml natürliche Gemüsebrühe siehe „Basic-Rezept"
- 1 EL raffiniertes Olivenöl
- 250 g Champignons
- 425 g festkochende Kartoffeln
- ½ Zwiebel
- Salz
- Pfeffer
- ½ EL Rapsöl für die Form
- 1 EL gehackte Petersilie

Zubereitung:

1. Schäle zuerst die Kartoffeln, schneide sie in Scheiben und lasse sie für 4 Minuten in kochendem Wasser köcheln. Gieße anschließend die Kartoffeln ab und stelle sie kurz zur Seite.
2. Widme Dich nun den Pilzen. Die Champignons waschen und in Scheiben schneiden.
3. Den Knoblauch und die Zwiebel schälen und würfeln.
4. Erhitze in einer Pfanne das Olivenöl und dünste darin den Knoblauch und die Zwiebel an. Die Pilze hinzugeben und anbraten. Würze alles mit etwas Salz und Pfeffer.
5. Gib nun die Hälfte der Kartoffeln in eine gefettete Auflaufform und verteile die Champignons darüber. Die restlichen Kartoffeln in die Form geben und alles mit der Brühe übergießen. Noch die Petersilie als Garnitur darüber geben und im Ofen für 35 bis 40 Minuten bei 160 Grad backen.
6. Den Auflauf herausnehmen und genießen!

Veggie-Quiche

400 kcal | 31 g Kohlenhydrate | 11 g Eiweiß | 30 g Fett

2 Port. 35 Min. leicht

Zutaten:

- 200 g Räuchertofu
- 1 weiße Zwiebel
- 400 g Pfifferlinge
- 400 ml Sojasahne
- 2 EL Speisestärke
- 2 EL Haferflocken
- 2 EL raffiniertes Olivenöl
- 250 g Dinkelmehl + 2 EL Dinkelmehl
- 150 g vegane Margarine
- ½ TL Salz
- Prise Pfeffer

Zubereitung:

1. Vermenge in einer Rührschüssel 250 g Dinkelmehl mit 3 EL Wasser, dem Salz und der Margarine. Knete aus all diesen Zutaten einen Teig.
2. Eine Springform einfetten und den Teig dort hineingeben. Mit Frischhaltefolie zudecken und für 30 Minuten im Kühlschrank stehen lassen.
3. Schneide in der Zwischenzeit den Tofu klein.
4. Die Zwiebel und den Knoblauch schälen und klein hacken. Die Pilze waschen und ebenfalls klein schneiden.
5. In einer Pfanne das Olivenöl erhitzen und Zwiebeln, Knoblauch, Tofu und Pfifferlinge anbraten. Gib die Sahne, die Speisestärke, die Haferflocken und 2 EL Dinkelmehl hinzu. Alles mit Pfeffer würzen und abschmecken.
6. Fülle die Pilzmischung anschließend auf den Teig und lasse alles bei 200 Grad für 40 bis 45 Minuten backen.
7. Anschließend herausnehmen und servieren.

Schnelles Omelett mit Kräutern und Kurkuma

349 kcal | 2 g Kohlenhydrate | 15 g Eiweiß | 29 g Fett

1 Port. | 10 Min. | leicht

Zutaten:

- 1 TL Kurkumapulver
- 50 ml ungesüßter Mandeldrink siehe „Basic-Rezept"
- 20 g gehackte rote Zwiebeln
- ½ gehackte Bird's Eye Chili
- 5 g gehackte Petersilie
- 3 frische Bio-Eier
- 1 TL raffiniertes Olivenöl

Zubereitung:

1. Beginne in einem ersten Schritt damit, in einer Pfanne das Öl zu erhitzen und Chili sowie Zwiebeln darin anzubraten.
2. Verquirle in einer Schüssel nun den Mandeldrink mit der Petersilie, den Eiern und dem Kurkumapulver.
3. Gib den Teig in die Pfanne und gare alles für 10 Minuten.
4. Zum Schluss auf einem Teller anrichten und genießen.

Tipp:

Alternativ kannst Du für jedes Bio-Ei 5 EL püriertes Seidentofu oder 1 EL Chiasamen, welche mit 3 Esslöffel im Wasser für ein paar Minuten gezogen sind, verwenden.

Bunte Gemüse-Pfanne

270 kcal | 11 g Kohlenhydrate | 16 g Eiweiß | 18 g Fett

2 Port. 20 Min. leicht

Zutaten:

- 4 EL Sojajoghurt
- 1 rote Paprika
- 200 g Tofu
- 1 weiße Zwiebel
- 250 g Grünkohl
- 1 kleine Chilischote
- 2 EL raffiniertes Olivenöl
- 1 mittelgroßes Ingwerstück
- 130 ml natürliche Gemüsebrühe siehe „Basic-Rezept"
- Meersalz

Zubereitung:

1. Den Tofu würfeln. Grünkohl von den Stielen befreien und in mundgerechte Stücke zupfen. Als Nächstes die Paprika halbieren, putzen und in Streifen schneiden. Dann Knoblauch, Ingwer und die Küchenzwiebel schälen. Die Zwiebel in dünne Scheiben schneiden, den Ingwer und Knoblauch fein hacken.
2. In einem nächsten Schritt die Chilischote putzen, halbieren und alle Kerne entfernen. Die Schote anschließend fein würfeln.
3. Erhitze das Olivenöl in einem Wok und brate darin den Tofu schön braun an. Anschließend herausnehmen.
4. Die Paprika und die Zwiebel im Bratfett unter stetigem Rühren 2 Minuten anbraten. Dann den Ingwer, den Knoblauch, die Chilischote und den Grünkohl hinzugeben und 2 Minuten braten.
5. Lösche nun alles mit der Gemüsebrühe und dem Sojajoghurt ab und lasse das Gericht bei mittlerer Hitze 5 bis 8 Minuten köcheln. Anschließend nach Belieben salzen und den Tofu zur Pfanne hinzugeben. Nochmals erwärmen und servieren.

Würziger Spinat mit frischen Kartoffeln

200 kcal | 17 g Kohlenhydrate | 7 g Eiweiß | 11 g Fett

2 Port. 20 Min. leicht

Zutaten:

- 200 g Pellkartoffeln
- 1 rote Zwiebel
- 1 Ingwer 2 cm
- 2 EL raffiniertes Olivenöl
- ½ TL Kreuzkümmel
- 1 Knoblauchzehe
- 250 g TK-Blattspinat
- Prise Salz
- Prise Pfeffer
- 1 TL Kurkumapulver
- 100 g Sojajoghurt

Zubereitung:

1. Kartoffeln halbieren und die rote Küchenzwiebel schälen und sie danach in dünne Ringe schneiden. Auch den Ingwer und den Knoblauch schälen und fein hacken.
2. 1 EL Olivenöl erhitzen und darin den Ingwer sowie den Knoblauch andünsten. Den TK-Blattspinat hinzugeben, pfeffern, salzen und zugedeckt rund 5 Minuten garen.
3. Das übrige Olivenöl in einer Pfanne erhitzen und darin die Zwiebel goldgelb dünsten. Die Kartoffelhälften hinzufügen und mit Kurkumapulver, Salz, Pfeffer und Kreuzkümmel würzen. Alles bei mittlerer Hitzezufuhr rund 6 bis 10 Minuten knusprig anbraten.
4. Den Sojajoghurt noch leicht mit Salz und Pfeffer würzen.
5. Gut durchmischen und den Joghurt als Dip zu den Spinat-Kartoffeln reichen.

Exotischer Salat

170 kcal | 18 g Kohlenhydrate | 2 g Eiweiß | 10 g Fett

2 Port. 10 Min. leicht

Zutaten:

- 4 EL Kokosraspel
- ½ Ananas
- 300 g Erdbeeren
- 4 EL Saft einer unbehandelten Zitrone
- 2 EL Ahornsirup
- 4 EL unbehandelte Zitronenschale (Abrieb)

Zubereitung:

1. Röste in einem ersten Schritt die Kokosraspel goldbraun an, jedoch ganz ohne Fett.
2. Schälen nun die Ananas, befreie sie vom harten Strunk und würfele das Fruchtfleisch.
3. Vermische die abgeriebene Zitronenschale mit dem Zitronensaft und dem Ahornsirup.
4. Wende die Früchte in dieser Zitronen-Vinaigrette und lass sie kurz ziehen.
5. Streue zum Schluss noch die Kokosraspel darüber.

Frucht-Taboulé

595 kcal | 70 g Kohlenhydrate | 12 g Eiweiß | 27 g Fett

2 Port. 15 Min. leicht

Zutaten:

- 1 EL Olivenöl extra nativ
- 1 EL Kurkumapulver
- 100 g Himbeeren
- 65 g Kirschtomaten
- 50 g Buchweizen
- 80 g Avocado
- 25 g Datteln, gehackt
- 30 g Petersilie, gehackt
- 20 g Zwiebeln, gehackt
- 2 EL Saft einer unbehandelten Zitrone
- 30 g Rucola

Zubereitung:

1. Widme Dich zuerst dem Buchweizen und koche diesen zusammen mit dem Kurkumapulver nach Anleitung. Gieße beides anschließend ab und stelle es zur Seite.
2. Die Datteln mit der Avocado, der Petersilie, den Zwiebeln, dem Buchweizen und den Tomaten vermengen. Hebe die Himbeeren mit dem Zitronensaft und dem Öl unter den Salat.
3. Zum Schluss alles auf dem Rucola anrichten und servieren.

Gebratenes Gemüse

170 kcal | 10 g Kohlenhydrate | 5 g Eiweiß | 12 g Fett

2 Port. 15 Min. leicht

Zutaten:

- 200 ml natürliche Gemüsebrühe siehe „Basic-Rezept“
- 1 EL Schnittlauch
- 300 g Möhren
- 300 g Brokkoli-Röschen
- 250 g Zuckerschoten
- 3 EL raffiniertes Olivenöl
- 1 Zwiebel, rot
- Salz
- Pfeffer
- 1 EL Saft einer unbehandelten Zitrone
- 1 Bund Frühlingszwiebeln

Zubereitung:

1. Wasche und schneide erst alle Gemüsesorten klein. Den Schnittlauch in feine Röllchen schneiden.
2. Gib nun anschließend Öl in eine Pfanne und dünste darin die Zwiebeln und die Brokkoli-Röschen für 5 Minuten kurz an. Füge danach die Zuckerschoten sowie die Frühlingszwiebeln hinzu und lösche alles mit der Gemüsebrühe ab.
3. Das Frühlingsgemüse zugedeckt bei mittlerer Hitze für 7 Minuten garen.
4. Würze anschließend alles mit Salz und Pfeffer ab und gib den Saft der Zitrone hinzu. Richte das Gemüse auf Tellern an und garniere es mit den frischen Schnittlauchröllchen.

Tomaten-Kräuter-Salat mit grünen Bohnen

180 kcal | 11 g Kohlenhydrate | 5 g Eiweiß | 13 g Fett

2 Port. | 15 Min. | leicht

Zutaten:

- 200 g Kirschtomaten
- 700 g grüne Bohnen
- Prise Salz
- Prise Pfeffer
- 4 EL raffiniertes Olivenöl
- 2 Zwiebeln, rot
- ½ Basilikum-Bund
- 2 Knoblauchzehen

Zubereitung:

1. Beginne damit zuerst die Bohnen zu waschen und zu halbieren. Koche sie anschließend in Salzwasser für 7 Minuten. Gieße sie danach ab und stelle sie zur Seite.
2. Schäle und schneide in der Zwischenzeit die beiden Küchenzwiebeln und den Knoblauch. Wasche die Tomaten und halbiere sie.
3. Erhitze im dritten Schritt das Olivenöl in einer Pfanne und dünste darin Knoblauch und Küchenzwiebel glasig. Mische nun die Bohnen und die Tomaten unter und schmecke alles mit Salz und Pfeffer ab. Alles für ein paar Minuten dünsten.
4. Wasche und schneide für die Garnitur die Basilikumblätter klein. Richte das Tomaten-Bohnen-Gemüse auf Tellern an und garniere das Gericht mit dem Basilikum.

Asiatische Shiitake-Suppe

457 kcal | 33 g Kohlenhydrate | 31 g Eiweiß | 29 g Fett

2 Port. 15 Min. leicht

Zutaten:

- 120 g Miso Paste
- 1 l natürliche Gemüsebrühe siehe „Basic-Rezept"
- 10 g Wakame-Algen, getrocknet
- 2 Frühlingszwiebeln
- 200 g Shiitake Pilze
- 400 g Tofu, gewürfelt
- 1 Chilischote, gehackt

Zubereitung:

1. Die Wakame-Algen 10 Minuten in warmes Wasser einweichen und danach abgießen. Koche anschließend in einem Topf die Gemüsebrühe auf und gib die Pilze hinzu: Lass alles rund zwei Minuten köcheln.
2. Die Miso-Paste mit etwas warmer Brühe vermischen. Den Tofu nun zur restlichen Brühe hinzugeben. Achte aber bitte darauf, dass die Suppe nicht mehr kocht.
3. Die abgetropften Wakame-Algen mit der gehackten Chilischote sowie den Frühlingszwiebeln hinzugeben und servieren.

Rucola-Salat mit Avocado

220 kcal | 22 g Kohlenhydrate | 9 g Eiweiß | 11 g Fett

2 Port. 15 Min. leicht

Zutaten:

- 100 g Avocado
- 100 g Rucola
- 20 g Petersilie
- 2 Datteln
- 60 g Staudensellerie
- 40 g Walnüsse
- 3 EL Olivenöl extra nativ
- Prise Salz
- Prise Pfeffer
- 30 g Zwiebel, rot
- 4 EL Saft einer unbehandelten Limette

Zubereitung:

1. Zuerst die Petersilie waschen und klein hacken.
2. Den Staudensellerie waschen, die Zwiebel schälen und beides klein schneiden.
3. Als Nächstes die Walnüsse hacken.
4. Wasche dann den Rucola und gib ihn in eine Schüssel.
5. Die Avocado anschließend halbieren und den Kern entfernen. Löse vorsichtig das Fruchtfleisch mit einem Löffel heraus und schneide sie anschließend klein. Die Avocado, die Zwiebel und den Sellerie nun zu dem Rucola geben und zur Seite stellen.
6. Hacke nun noch die Dattel und gib sie zusammen mit den gehackten Walnüssen über den Salat.
7. Für das Dressing noch das Olivenöl mit dem Pfeffer, dem Salz und dem Limettensaft vermengen und über den Salat geben.
8. Zum Schluss mit der frisch gehackten Petersilie bestreuen und servieren.

Leichtes Abendessen mit knackigem Gemüse

349 kcal | 2 g Kohlenhydrate | 15 g Eiweiß | 29 g Fett

2 Port. 20 Min. leicht

Zutaten:

- 1 TL Kurkumapulver
- 1 TL raffiniertes Olivenöl
- 50 ml ungesüßter Sojadrink
- 20 g Rote Zwiebeln, gehackt
- ½ Chilischote
- 5 g Petersilie, gehackt
- 3 frische Bio-Eier

Zubereitung:

1. Beginne in einem ersten Schritt damit in einer Pfanne das Öl zu erhitzen und Chili sowie Zwiebeln darin anzubraten. Verquirle in einer Schüssel nun den Sojadrink mit der Petersilie, den Eiern und Kurkuma miteinander.
2. Gib den Teig in die Pfanne und gare alles für 10 Minuten.
3. Richte Dein fertiges Abendessen zum Schluss auf einem Teller an und genieße es.

Tipp:

Alternativ kannst Du für jedes Bio-Ei 5 EL püriertes Seidentofu oder 1 EL Chiasamen, welche mit 3 Esslöffel im Wasser für ein paar Minuten gezogen sind, verwenden.

Knackiges Gemüse mit frischem Dip

300 kcal | 20 g Kohlenhydrate | 15 g Eiweiß | 17 g Fett

2 Port. 20 Min. leicht

Zutaten:

- Saft einer unbehandelten Zitrone
- 190 ml natürliche Gemüsebrühe siehe „Basic-Rezept“
- 1 EL raffiniertes Olivenöl
- 1 TL Currypulver
- 2 Frühlingszwiebeln
- 1 Ingwer – 2 cm
- 1 Knoblauchzehe
- 150 g Edamame Bohnen
- 400 g Gemischtes Rohkostgemüse: Gurke, Möhren, Paprika, Staudensellerie
- Prise Salz
- Prise Pfeffer

Zubereitung:

1. Erst einmal die Frühlingszwiebeln putzen und den weißen vom grünen Teil trennen: Beides in feine Röllchen schneiden.
2. Dann den Ingwer und auch den Knoblauch schälen und fein würfeln.
3. In einem Topf das Olivenöl erhitzen und darin den Knoblauch und die weißen Zwiebelröllchen andünsten. Dann die Edamame-Bohnen, die Gemüsebrühe und den Ingwer hinzugeben. Alles zugedeckt 10 Minuten kochen.
4. Gegen Ende der Garzeit mit Salz, Pfeffer und dem Currypulver würzen. Nimm sodann den Topf von der Herdstelle und lass alles gut auskühlen. Das ganze Gemüse nun putzen, ggf. schälen und in Sticks schneiden. Die abgekühlten Edamame-Bohnen mitsamt der Garflüssigkeit mit dem Stabmixer pürieren. Zum Schluss noch mit Salz, Pfeffer und Zitronensaft würzen.
5. Am Ende den Edamame-Dip mit den grünen Zwiebelröllchen garnieren und mit den Gemüsesticks servieren.

Kräuter-Salat mit Linsen

645 kcal | 75 g Kohlenhydrate | 30 g Eiweiß | 23 g Fett

2 Port. | 35 Min. | leicht

Zutaten:

- 2 Petersilien-Stängel
- 200 g gelbe Linsen
- 1 rote Zwiebel
- 2 EL Ahornsirup
- 2 Karotten
- 5 EL Weißweinessig
- 6 Radieschen
- Meersalz
- 1 Stange Staudensellerie
- 4 EL Olivenöl extra nativ

Zubereitung:

1. Bring 700 ml Wasser zum Kochen und gib anschließend die Linsen hinein. Lass diese für 15 Minuten bei schwacher Hitze köcheln. Abgießen, abspülen und das Wasser abtropfen lassen.
2. Schäle die Karotten und schneide sie in Würfel. Den Sellerie waschen und würfeln. Die Radieschen ebenfalls waschen und klein schneiden. Zwiebel schälen und würfeln.
3. Die frische Petersilie als Nächstes waschen und fein hacken. Gib die Zwiebel, die Radieschen und die Petersilie in eine Schüssel.
4. Für das Dressing den Essig mit dem Olivenöl, dem Ahornsirup und 1 TL Meersalz verrühren.
5. Nach und nach die Linsen, die Karotten, den Sellerie und das Dressing zu den Radieschen geben und alles gründlich verrühren.
6. Verteile den fertigen Salat in Deine Lunch-Box oder in 2 Schraubgläser. Kaltstellen und genießen!

Buchweizen mit Rote-Bete

460 kcal | 66 g Kohlenhydrate | 17 g Eiweiß | 16 g Fett

2 Port. 15 Min. leicht

Zutaten:

- 1 TL Kümmel
- 4 Lauchzwiebeln
- 600 ml natürliche Gemüsebrühe siehe „Basic-Rezept"
- Prise Salz
- Prise Pfeffer
- 40 g geriebener Parmesan
- 1 EL raffiniertes Olivenöl
- 20 g Bio-Butter
- 150 g Buchweizen
- 200 g frische Rote-Bete
- 2 EL Saft einer unbehandelten Zitrone
- 1 Kästchen Brunnenkresse

Zubereitung:

1. Wasche zuerst die Lauchzwiebeln und schneide das Grün in Ringe. Die Roten Bete schälen und in Würfel schneiden.
2. Erhitze in einem Topf das Olivenöl und dünste darin die Lauchzwiebeln an. Die Rote-Bete zusammen mit dem Kümmel und der Gemüsebrühe hinzugeben und zugedeckt für 15 Minuten bei schwacher Hitze köcheln lassen.
3. Schütte den Buchweizen als Nächstes in ein Sieb und brause ihn heiß ab. Anschließend ebenfalls in den Topf geben und 20 Minuten köcheln lassen.
4. Wasche nun die Brunnenkresse und schneide sie klein. Die Hälfte des Parmesans unter das Risotto mischen und alles mit Salz, Pfeffer und Zitronensaft würzen. Gib noch die Butter hinzu und verrühre alles gründlich.
5. Richte zum Schluss Dein Risotto auf Tellern an und verteile die Kresse und den restlichen Parmesan darüber.

Hinweis:

Butter in Bio-Qualität wird als „neutral" eingestuft und gilt nicht als Säurebildner. Alternativ kannst Du auch Mandelbutter verwenden.

Mediterraner Eintopf

220 kcal | 22 g Kohlenhydrate | 9 g Eiweiß | 11 g Fett

2 Port. | 20 Min. | leicht

Zutaten:

- 2 Stangen Staudensellerie
- 2 EL raffiniertes Olivenöl
- 1 rote Zwiebel
- 1 Möhre
- 2 Knoblauchzehen
- 6 Thymianzweige
- 1 EL Tomatenmark
- 300 g Grünkohl
- Prise Salz
- Prise Pfeffer

Zubereitung:

1. Beginne damit, die Grünkohlblätter von den dicken Stielen zu befreien und in 1 cm breite Streifen zu schneiden. Die Möhre schälen, den Sellerie waschen und beides ebenfalls klein schneiden.
2. Den Knoblauch und die Zwiebel schälen und fein würfeln. Den Thymian als Nächstes waschen.
3. In einem Suppentopf das Olivenöl erhitzen und darin die rote Zwiebel, den Knoblauch, den Sellerie und die Möhre unter stetigem Rühren dünsten.
4. Das Tomatenmark hinzugeben, mitrösten und dann mit 500 ml Wasser ablöschen.
5. Thymian und Grünkohlblätter hinzugeben und mit Salz und Pfeffer würzen. Alles zugedeckt bei schwacher Hitze 35 Minuten garen.
6. Den Thymianzweig anschließend herausholen.
7. Nun eine Schöpfkelle Eintopf herausnehmen, mit dem Pürierstab kräftig durchpürieren und wieder in den Eintopf rühren. Dadurch kannst Du den Eintopf etwas andicken. Anschließend auf Tellern anrichten und servieren.

Radieschen-Kartoffelsalat

353 kcal | 19 g Kohlenhydrate | 18 g Eiweiß | 23 g Fett

1 Port. 15 Min. leicht

Zutaten:

- 20 g rote Zwiebeln, in Ringe geschnitten
- 1 TL Olivenöl extra nativ
- 1 TL gehackte Petersilie
- 20 g Stangensellerie, in Scheiben geschnitten
- 100 g geschälte und halbierte Kartoffeln
- Saft von einer ½ unbehandelten Zitrone
- 100 g geräucherte Forelle, in Streifen geschnitten
- 35 g Brunnenkresse
- 100 g Radieschen

Zubereitung:

1. Koche zuerst die Kartoffeln für 20 Minuten gar.
2. Die Radieschen waschen und klein schneiden.
3. Vermenge anschließend das Olivenöl mit dem Sellerie, den Zwiebeln, der Petersilie und dem Zitronensaft.
4. Beginne, die fertigen Kartoffeln mit der Gabel-Rückseite etwas anzudrücken. Wichtig ist hier, sie nicht ganz zu zerdrücken. Vermische sie nun gut mit der Sellerie-Zwiebel-Mischung.
5. Die Radieschen hinzugeben und alles miteinander vermengen.
6. Richte den Kartoffelsalat auf Tellern an und gib bei Bedarf noch etwas Zitronensaft hinzu. Guten Appetit!

Knackiger Bohnen-Zwiebel-Salat

417 kcal | 6 g Kohlenhydrate | 46 g Eiweiß | 21 g Fett

1 Port. 15 Min. leicht

Zutaten:

- 2 TL Olivenöl extra nativ
- 20 g gewürfelter Stangensellerie
- 15 g entsteinte schwarze Oliven
- 20 g rote Zwiebeln, in Ringe geschnitten
- 50 g grüne Bohnen
- 50 g halbierte Cherrytomaten
- 1 TL gehackte Petersilie
- 20 g Rucola
- 1 Bio-Ei
- Saft von einer ½ unbehandelten Zitrone
- ½ TL Wasser

Zubereitung:

1. Beginne zuerst damit, die Bohnen in einen Topf mit kochendem Wasser zu geben. Lasse diese dort für ungefähr sechs Minuten gar werden, anschließend herausnehmen und zur Seite stellen.
2. Gib nun das Ei in das kochende Wasser und lasse dieses ebenfalls bis zur gewünschten Konsistenz kochen. Das Ei anschließend unter kaltem Wasser abschrecken, schälen und vierteln.
3. Vermenge in einer Schüssel die Oliven mit dem Sellerie, der Petersilie, den Tomaten, den Bohnen, den Zwiebeln, dem Wasser und dem Olivenöl.
4. Richte den Salat auf dem Rucola an, verteile das Ei darüber und beträufle alles mit dem Zitronensaft.

Tipp:

Alternativ kannst Du anstatt einem Bio-Ei auch festen Bio-Tofu verwenden.

Auberginen mit Dip

433 kcal | 15 g Kohlenhydrate | 16 g Eiweiß | 32 g Fett

1 Port. | 10 Min. | leicht

Zutaten:

- 1 EL raffiniertes Olivenöl
- Saft von einer ½ unbehandelten Zitrone
- 50 ml Wasser
- 20 g rote Zwiebeln, in Scheiben geschnitten
- 70 g Rucola
- 10 ml naturtrüber Apfelessig
- 20 g Walnüsse
- 20 g Petersilie
- 100 g Datteltomaten
- 1 Aubergine (geviertelt)

Zubereitung:

1. Zuerst die Walnüsse, die Petersilie, das Öl und den Saft der Zitronenhälfte in einem Multi-Zerkleinerer pürieren. Wasser nach und nach hinzugeben und dann alles zur Seite stellen.
2. Anschließend die Aubergine mit etwas Pesto bestreichen und für 30 Minuten bei 200 Grad backen.
3. Währenddessen die Zwiebeln mit dem Apfelessig bedecken und ziehen lassen. Vor dem Servieren den Essig abgießen. Zu den Zwiebeln nun Rucola und Tomaten rühren und mit dem Essig übergießen.
4. Das restliche Pesto auf der Aubergine verteilen und zusammen mit dem Tomaten-Rucola-Salat servieren und genießen.

Orientalisches Curry

623 kcal | 93 g Kohlenhydrate | 28 g Eiweiß | 13 g Fett

2 Port. 20 Min. leicht

Zutaten:

- 60 g Grünkohl
- 1 Knoblauchzehe
- 60 g Buchweizen
- 1 cm Ingwer
- 50 g Linsen, rot
- 1 Zwiebel, rot
- 2 TL Rapsöl
- 325 ml natürliche Gemüsebrühe siehe „Basic-Rezept“
- 40 ml Kokosmilch
- 1 Chilischote
- 1 TL Currypulver
- 2 TL Kurkuma

Zubereitung:

1. In einem ersten Schritt den Grünkohl waschen und klein hacken. Die Zwiebel und den Knoblauch schälen und klein hacken. Als Nächstes den Ingwer schälen und fein reiben. Halbiere nun die Chilischote und hacke diese ebenfalls klein.
2. Bereite dann den Buchweizen nach Anleitung zu.
3. Erhitze in der Zwischenzeit in einer Pfanne das Öl und braten darin die Senfkörner an. Anschließend den Ingwer, den Knoblauch, die Zwiebel und den Chili hinzugeben und alles garen.
4. Würze ebenso mit der Kurkuma und dem Currypulver. Die Brühe hinzugeben und aufkochen lassen. Füge noch die Linsen bei und lasse alles bei mittlerer Hitze für 30 Minuten köcheln. Nach der Kochzeit die Kokosmilch und den Grünkohl hinzugeben und für weitere 5 Minuten kochen.
5. Zum Schluss den Buchweizen abgießen und auf einem Teller anrichten. Das Linsencurry hinzugeben und alles servieren.

Bohnen-Gericht

180 kcal | 2 g Kohlenhydrate | 11 g Eiweiß | 14 g Fett

2 Port. 15 Min. leicht

Zutaten:

- 1 TL raffiniertes Olivenöl
- 1 frisches Bio-Ei
- 1 EL Sojajoghurt
- Prise Salz
- Prise Pfeffer
- 1 Msp. Chiliflocken
- 1 Frühlingszwiebel
- 30 g Mungo-Bohnen Sprossen

Zubereitung:

1. Verquirle zuerst einmal das Ei mit Salz und Pfeffer. Die Sprossen nun in einem Sieb abwaschen und kurz abtropfen lassen.
2. Wasche in der Zwischenzeit die Frühlingszwiebel und schneide den grünen sowie den weißen Teil in kleine Ringe: Stelle diese dann kurz zur Seite.
3. Erhitze in einer Pfanne das Olivenöl und dünste darin die weißen Zwiebelringe an. Die Sprossen hinzugeben und kurz mitbraten. Lösche alles mit dem Sojajoghurt ab. Rühre nun solange weiter, bis die Flüssigkeit verdampft ist.
4. Gib als Nächstes das Ei dazu und gare alles solange weiter, bis das Ei gestockt ist.
5. Schiebe alles immer wieder mit einem Holzlöffel vorsichtig zusammen.
6. Nimm Dein Gericht aus der Pfanne und richte es auf einem Teller an.
7. Garniere die grünen Zwiebeln darüber und bestreue alles mit den Chiliflocken.

Tipp:

Alternativ kannst Du für jedes Bio-Ei 5 EL püriertes Seidentofu oder 1 EL Chiasamen, welche mit 3 Esslöffel im Wasser für ein paar Minuten gezogen sind, verwenden.

Steinpilz-Buchweizen mit Grünkohl

440 kcal | 46 g Kohlenhydrate | 16 g Eiweiß | 21 g Fett

2 Port. 20 Min. leicht

Zutaten:

- 1 Küchenzwiebel
- 250 g Grünkohl
- 3 EL raffiniertes Olivenöl
- 150 g Buchweizen
- 1 Knoblauchzehe
- 250 ml natürliche Gemüsebrühe siehe „Basic-Rezept“
- 15 g getrocknete Steinpilze
- 2 EL frische Petersilie
- Prise Salz
- Prise Pfeffer

Zubereitung:

1. Die Steinpilze mit 150 ml heißem Wasser übergießen und ungefähr eine halbe Stunde lang quellen lassen. In der Zwischenzeit die Küchenzwiebel schälen und fein würfeln. Den Grünkohl putzen und in mundgerechte Stückchen zupfen.
2. Den Knoblauch schälen und fein hacken.
3. Die Steinpilze dann abgießen und das Einweichwasser auffangen. Im Anschluss die Pilze kleinhacken.
4. 1 EL Olivenöl in einem Topf erhitzen und den Knoblauch darin andünsten. Grünkohl hinzugeben, salzen und pfeffern: Alles bei starker Hitzezufuhr 3 Minuten anbraten. Mit 100 ml Gemüsebrühe ablöschen und nicht zugedeckt bei mittlerer Hitzezufuhr garen, bis alle Flüssigkeit verdampft ist.
5. Den Grünkohl aus dem Topf nehmen, abkühlen lassen. Das restliche Olivenöl erhitzen und die Zwiebel glasig dünsten.
6. Die Pilze und den Buchweizen untermischen und mit der restlichen Brühe sowie knapp 100 ml des Pilzwassers aufgießen. Mit Deckel bei schwacher Hitzezufuhr 25 Minuten garen, bis alle Flüssigkeit aufgesogen werden konnte.
7. Anschließend den Grünkohl unter das Buchweizen-Risotto rühren und 3 Minuten warm werden lassen.
8. Mit frisch gehackter Petersilie bestreuen und servieren.

Snacks & Fingerfood

Jeder von uns kennt ihn nur allzu gut: Den kleinen Hunger zwischendurch. Vor allem in der Arbeit überfällt er uns in regelmäßigen Abständen und so greift man gerne zwischen zwei Meetings in die Süßigkeiten-Schublade! Doch das muss keinesfalls sein, wenn Du richtig vorgeplant hast.

In diesem Kapitel findest Du wohlschmeckende und zudem sehr gesunde Snacks, die perfekt in Deine basenreiche Ernährung passen. So kannst Du ohne schlechtes Gewissen auch zwischendurch mal einen Happen genießen und neue Kraft für Deinen weiteren Arbeitstag tanken.

Snacks kannst Du unkompliziert und schnell zubereiten und ganz bequem mitnehmen. Dir fehlt nur noch die nötige Inspiration?

Na, dann los geht´s mit dem nächsten Kapitel.

Lass es Dir schmecken!

Tomaten mit Minz-Zucchini-Füllung

65 kcal | 7 g Kohlenhydrate | 4 g Eiweiß | 7 g Fett

2 Port. 15 Min. leicht

Zutaten:

- 1 Zucchini
- 3 Fleischtomaten
- ½ Handvoll frische Minze
- 1 EL naturtrüber Apfelessig
- Kräutersalz
- Pfeffer

Zubereitung:

1. Beginne damit, die Tomaten zu waschen. Schneide anschließend den Deckel ab und hole das Fruchtfleisch mit einem Löffel heraus. Streiche das Tomaten-Fruchtfleisch nun durch ein Sieb.
2. Die Zucchini waschen und in ganz kleine Würfel schneiden.
3. Vermenge nun das Tomatenfruchtfleisch mit den gewürfelten Zucchinistückchen und dem Apfelessig. Würze mit etwas Kräutersalz und Pfeffer nach Deinem Geschmack und befülle damit die Tomaten.
4. Die Minze waschen, etwas klein schneiden auf die gefüllten Tomaten geben. Alles auf Tellern anrichten und genießen.

Vegane Waffeln

220 kcal | 8 g Kohlenhydrate | 20 g Eiweiß | 9 g Fett

2 Port. 20 Min. leicht

Zutaten:

- Meersalz
- 1 Möhre
- 1 EL Kokosöl
- 150 ml ungesüßter Haferdrink
- 1 EL gehackte Petersilie
- 100 g Mandelmehl
- 1 EL Apfelmark
- ½ TL Weinstein-Backpulver
- ½ TL Ingwer, gerieben

Zubereitung:

1. In einem ersten Schritt das Mandelmehl mit ½ TL Backpulver vermengen. Gib nach und nach den Haferdrink hinzu und verrühre alles zu einem glatten Teig.
2. Die Möhre waschen und raspeln und zusammen mit dem Apfelmark, dem Ingwer, 1 Prise Meersalz und der Petersilie zum Teig hinzugeben. Verrühre alles so gründlich miteinander, dass keine Klumpen mehr vorhanden sind.
3. Heize nun das Waffeleisen ein und bestreiche es mit etwas Kokosöl. Backe anschließend die Waffeln nach und nach aus.
4. Die fertigen Waffeln servieren oder in eine Lunchbox geben und mitnehmen.

Marinierte Gemüse-Stifte

86 kcal | 8 g Kohlenhydrate | 2 g Eiweiß | 5 g Fett

2 Port. 20 Min. leicht

Zutaten:

- Kräutersalz
- 100 g Kohlrabi
- 1 TL getrockneter Oregano
- 100 g Knollensellerie
- 1 Msp. Chilipulver
- 2 EL raffiniertes Olivenöl
- 1 Möhre
- 1 TL naturtrüber Apfelessig
- 1 EL Sojajoghurt

Zubereitung:

1. Bereite für diese Gemüse-Stifte zuerst die Marinade zu. Hierfür 1 EL Sojajoghurt mit 1 TL Apfelessig, 2 EL Olivenöl, etwas Chilipulver, 1 TL Oregano und 1 Prise Kräutersalz vermischen.
2. Das Gemüse waschen, schälen und in Stifte schneiden.
3. Vermenge nun die Marinade mit den Gemüse-Stiften und lege diese auf ein mit Backpapier ausgelegtes Backblech. Im Ofen bei 200 Grad für 12 Minuten backen.
4. Herausnehmen und etwas auskühlen lassen.
5. Du kannst Deinen Snack entweder sofort genießen oder für unterwegs in eine Lunchbox füllen. Gerade wenn Dich zwischendurch der kleine Hunger packt, sind diese Stifte ein toller Snack.

Bananen-Kokos-Kekse

30 kcal | 2 g Kohlenhydrate | 0 g Eiweiß | 2 g Fett

15 Stück. 10 Min. leicht

Zutaten:

- 3 EL Kokosraspel
- 1 TL gemahlene Vanille
- 1 Banane

Zubereitung:

1. Schäle zuerst die Banane und zerdrücke sie mit einer Gabel in einer Schüssel.
2. Gib nun die Kokosraspel und die gemahlene Vanille zu der Banane dazu. Alles miteinander gründlich vermischen.
3. Forme aus dem Teig mit einem Teelöffel 15 Kekse.
4. Diese auf ein Backblech legen und im Ofen bei 150 Grad 20 Minuten goldbraun backen.
5. Die frischen Kekse herausnehmen, genießen oder für unterwegs mitnehmen.

Exotisches Kokos-Toast

250 kcal | 14 g Kohlenhydrate | 3 g Eiweiß | 18 g Fett

2 Port. 15 Min. leicht

Zutaten:

- 3 EL Kokosmehl
- 1 Pck. Vanillezucker
- 100 ml Kokosmilch
- 4 Vollkorn-Toast-Scheiben
- ½ TL Kokosöl
- 1 Prise Meersalz
- 3 - 4 EL Kokosraspel

Zubereitung:

1. Vermenge in einer Rührschüssel das Kokosmehl mit 1 Prise Meersalz, dem Vanillezucker und der Kokosmilch. Alles gründlich miteinander vermischen.
2. Fülle nun die Kokosmilch-Mischung in einen flachen Suppenteller und lege die Toastbrot-Scheiben hinein. Lasse diese kurz in der Flüssigkeit liegen.
3. Erhitze in einer Pfanne das Kokosöl und röste die Toast-Scheiben von beiden Seiten an.
4. In der Zwischenzeit kannst Du auf einem Teller die Kokosraspel verteilen und die heißen Brote darin wälzen.
5. Alles auf Tellern anrichten und genießen.

Do-it-yourself Apfel-Bananen-Kompott

125 kcal | 28 g Kohlenhydrate | 1 g Eiweiß | 0 g Fett

2 Port. | 15 Min. | leicht

Zutaten:

- 1 TL Saft einer unbehandelten Zitrone
- 1 Banane
- 500 g Äpfel
- 50 ml Apfelsaft

Zubereitung:

1. Wasche zuerst die Äpfel. Du kannst diese schälen oder mit der Schale verarbeiten. Schneide die Äpfel anschließend klein.
2. In einem Topf nun den Apfelsaft mit den Äpfeln für 5 Minuten köcheln lassen.
3. Die Banane in der Zwischenzeit schälen und in Scheiben schneiden.
4. Gib die Banane anschließend zu dem Kompott hinzu. Vermische alles gründlich miteinander und lasse es abkühlen.
5. Du kannst Dein frisches Kompott in Gläser füllen, snacken oder für unterwegs mitnehmen.

Green-Chips

88 kcal | 2 g Kohlenhydrate | 2 g Eiweiß | 8 g Fett

4 Port. | 15 Min. | leicht

Zutaten:

- 3 EL raffiniertes Olivenöl
- 3 Zucchini
- ½ EL Kräutersalz

Zubereitung:

1. Wasche zuerst die Zucchini und schneide sie in dünne Scheiben.
2. Lege die Gemüse-Scheiben nun in eine Schüssel. Gib das Salz und das Öl hinzu und vermische alles gründlich. Die Zucchini-Scheiben für 5 Minuten durchziehen lassen.
3. Lege die Scheiben anschließend nebeneinander auf ein mit Backpapier belegtes Backblech. Im Backofen bei 180 Grad für 10 bis 15 Minuten backen. Falls Du die Chips noch knuspriger möchtest, kannst Du sie etwas länger im Ofen lassen.
4. Anschließend herausnehmen und abkühlen lassen.

Basische Süßkartoffel-Stifte

546 kcal | 61 g Kohlenhydrate | 5 g Eiweiß | 30 g Fett

2 Port. 20 Min. leicht

Zutaten:

- ½ Bund Schnittlauch
- 500 g Süßkartoffeln
- 1 Prise Kräutersalz
- 1 Prise Kurkumapulver
- 4 EL raffiniertes Olivenöl
- 1 Prise Kreuzkümmel, gemahlen

Zubereitung:

1. Zuerst die Süßkartoffel waschen und schälen. Anschließend kannst Du sie in Stifte schneiden.
2. Für die Marinade als nächstes das Olivenöl mit dem Kräutersalz, dem Kurkuma und dem Kümmel vermengen. Die Süßkartoffel-Sticks damit marinieren.
3. Den Schnittlauch waschen und in Röllchen schneiden.
4. Lege die Sticks nun auf ein Backblech und backe sie für 20 Minuten bei 180 Grad. Anschließend herausnehmen und den Schnittlauch darüber geben.

Würzige Cashewkerne

340 kcal | 16 g Kohlenhydrate | 8 g Eiweiß | 26 g Fett

2 Port. 5 Min. leicht

Zutaten:

- 1 EL raffiniertes Olivenöl
- 100 g Cashewkerne
- ½ TL Chilipulver
- 1 TL Paprikapulver, edelsüß
- Etwas Meersalz

Zubereitung:

1. Gib zuerst die Cashewkerne in eine Schüssel. Nun das Olivenöl mit dem Paprikapulver und dem Chilipulver hinzugeben und alles miteinander vermengen.
2. Die Nüsse etwas salzen und auf ein mit Backpapier ausgelegtes Backblech legen.
3. Backe die Cashewnüsse bei 175 Grad für 5 Minuten, danach einmal kurz wenden und weitere 5 Minuten backen.
4. Die Nüsse aus dem Ofen nehmen und genießen.

Exotische Energie-Bälle

145 kcal | 10 g Kohlenhydrate | 3 g Eiweiß | 11 g Fett

10 Stück | 10 Min. | leicht

Zutaten:

- ½ unbehandelte Limette
- 100 g getrocknete Mango
- 1 Msp. gemahlene Vanille
- 100 g Cashewkerne
- 100 g Kokosraspel

Zubereitung:

1. Gib zuerst die Mango in eine Schüssel. Gieße nun etwas kochendes Wasser darüber und lasse sie für 10 Minuten einweichen.
2. Wasche die Limette heiß ab und reibe die Schale.
3. Gib die Cashewkerne mit 50 g Kokosraspel und der Limettenschale in eine Schüssel. Alles miteinander vermischen und die gemahlene Vanille unterrühren.
4. Gib diese Mischung nun in eine Küchenmaschine. Die Mango hinzugeben und alles fein pürieren.
5. Forme aus dem Teig 10 Kugeln und wälze diese in den übrigen Kokosraspeln.
6. Die Kokos-Kugeln halten sich im Kühlschrank bis zu 14 Tagen.

Nuss-Kugeln

140 kcal | 14 g Kohlenhydrate | 2 g Eiweiß | 7 g Fett

10 Stück 20 Min. leicht

Zutaten:

- 4 EL Backkakao
- 100 g Cashewkerne
- 200 g entsteinte Datteln
- 1 Msp. gemahlene Vanille
- Meersalz

Zubereitung:

1. Gib zuerst die Cashewkerne in eine Pfanne und röste sie 5 Minuten an.
2. Vermenge nun die Cashewkerne mit den Datteln, der Vanille, 2 EL Kakao und 2 Prisen Salz. Gib diese Mischung in eine Küchenmaschine und püriere diese fein.
3. Forme als Nächstes aus der Kakao-Masse 10 Kugeln. Die Kugeln anschließend im restlichen Kakao wälzen.
4. Die Nuss-Kugeln halten gekühlt bis zu 14 Tagen.

Snack-Datteln

150 kcal | 13 g Kohlenhydrate | 3 g Eiweiß | 10 g Fett

2 Port. 5 Min. leicht

Zutaten:

- 4 Walnusskernhälften
- 4 getrocknete Medjool-Datteln
- 2 TL weißes Mandelmus „Basic-Rezept“

Zubereitung:

1. Schneide die Datteln zuerst der Länge nach ein. Achte darauf, dass Du sie nicht ganz durchschneidest.
2. Entferne die Steine der Datteln.
3. Vermenge das Mandelmus kurz, damit es etwas cremiger wird.
4. Fülle die Datteln nun mit ½ TL Mandelmus „Basic-Rezept“ und gib je 1 Walnusskernhälfte dort hinein.
5. Stelle die Datteln kurz vor dem Servieren in den Kühlschrank.

Frucht-Ringe

405 kcal | 26 g Kohlenhydrate | 9 g Eiweiß | 30 g Fett

2 Port. 10 Min. leicht

Zutaten:

- 2 EL Rosinen
- 2 Äpfel
- ½ TL Ceylon-Zimtpulver
- 4 EL weißes Mandelmus „Basic-Rezept"
- 2 EL Mandelblättchen

Zubereitung:

1. Für diesen Snack zuerst die Äpfel waschen und das Kerngehäuse entfernen. Schneide die Äpfel nun in Ringe und verteile das Mandelmus darauf.
2. Röste die Mandelblättchen in einer Pfanne für 3 Minuten an.
3. Gib die gerösteten Mandelblättchen zusammen mit den Rosinen auf die Apfelringe.
4. Das Zimtpulver darüber streuen und genießen.

Chips aus Bananen

135 kcal | 30 g Kohlenhydrate | 2 g Eiweiß | 1 g Fett

4 Port. 15 Min. leicht

Zutaten:

- 1 unbehandelte Zitrone
- 4 Bananen

Zubereitung:

1. In einem ersten Schritt die Zitrone halbieren und den Saft auspressen.
2. Die Banane schälen und in Scheiben schneiden.
3. Lege nun die Bananenscheiben auf ein mit Backpapier ausgelegtes Backblech. Bepinsle die Früchte von beiden Seiten mit dem Zitronensaft.
4. Die Chips im Ofen bei 75 Grad für 90 Minuten backen. Nach der Backzeit wenden und 90 weitere Minuten backen.
5. Die Chips kannst Du wunderbar verschlossen und trocken aufbewahren und für unterwegs mitnehmen.

Krosse Basen-Taler aus Pastinaken

323 kcal | 42 g Kohlenhydrate | 4 g Eiweiß | 4 g Fett

2 Port. 15 Min. leicht

Zutaten:

- 1 Prise Paprikapulver
- 200 g Pastinaken
- 2 EL raffiniertes Olivenöl
- 2 Knoblauchzehen
- Prise Kräutersalz
- Prise Pfeffer

Zubereitung:

1. Für diese krossen Taler zuerst die Pastinaken schälen und in dünne Scheiben reiben.
2. Vermenge für die Marinade das Olivenöl mit dem Kräutersalz, dem Pfeffer und dem Paprikapulver.
3. Die Pastinaken als Nächstes mit der Marinade vermischen und 60 Minuten ziehen lassen.
4. Verteile die Pastinaken auf einem mit Backpapier belegten Backblech. Im Ofen bei 200 Grad für 35 bis 45 Minuten backen.
5. Die Chips regelmäßig nach 15 Minuten wenden und fertigbacken.

Desserts & Süßes

Nach dem Hauptgericht freuen sich die meisten Menschen auf eine köstliche Nachspeise, die die Hauptmahlzeit perfekt abrundet. Bist auch Du eine solche Naschkatze? Dann findest Du im folgenden Kapitel die nötige Inspiration für leckere Desserts und Süßspeisen, die perfekt in eine basische Ernährung passen.

Diese Rubrik bietet eine facettenreiche und bunte Mischung, damit wirklich für jeden Geschmack das Richtige dabei ist. Du kannst Desserts unkompliziert zubereiten und leicht in die Arbeit mitnehmen. Das ist vor allem dann praktisch, wenn Du abends arbeitest. Gerade in den Abendstunden sollten die Desserts keine Kalorienbomben sein, welche den Magen-Darm-Trakt belasten.

Auch wenn Du Dich basisch ernährst, musst Du nicht auf süße Köstlichkeiten verzichten. Wie so oft im Leben ist auch hier das Motto:

„Die Dosis macht das Gift".

Desserts und süße Köstlichkeiten sind ein Highlight und dürfen durchaus mal auf dem Tisch landen.

Guten Appetit!

Blueberry-Chia-Dessert

180 kcal | 21 g Kohlenhydrate | 4 g Eiweiß | 7 g Fett

2 Port. | 10 Min. | leicht

Zutaten:

- 1 TL Saft einer unbehandelten Limette
- 3 EL Chiasamen
- 100 g Heidelbeeren
- 200 ml ungesüßter Mandeldrink siehe „Basic-Rezept"
- 1 TL Dattelpaste siehe „Basic-Rezept"
- 4 Minzblätter
- 180 g Apfelmark

Zubereitung:

1. Beginne zuerst damit in einer Schüssel die Dattelpaste mit dem Mandeldrink, den Chiasamen und dem Limettensaft zu vermengen. Alles für 6 Stunden zugedeckt im Kühlschrank quellen lassen.
2. Wasche nun die frischen Heidelbeeren und die Minzblätter. Die Minze etwas klein schneiden.
3. Befülle zwei Gläser mit der eingeweichten Chia-Limetten-Mischung. Gib das Apfelmark darüber.
4. Zum Schluss alles mit den Heidelbeeren und der frischen Minze garnieren und genießen!

Tipp:

Du kannst dieses Dessert wunderbar am Abend vorher zubereiten und über Nacht im Kühlschrank stehen lassen.

Hinweis:

Zusätzlicher Zeitaufwand: Die Chiasamen-Mischung sollte 6 Stunden im Kühlschrank quellen.

Overnight-Dessert mit frischen Früchten

297 kcal | 36 g Kohlenhydrate | 13 g Eiweiß | 10 g Fett

2 Port. 15 Min. leicht

Zutaten:

- 100 g Brombeeren
- 100 ml ungesüßter Mandeldrink siehe „Basic-Rezept"
- 1 EL Leinsamen
- 40 g Buchweizenflocken
- 50 g Sojajoghurt

Zubereitung:

1. Wasche zuerst die Brombeeren. Gib nun 50 g der Beeren in ein verschließbares Glas und zerdrücke sie darin.
2. Die Leinsamen mit den Buchweizenflocken, den Mandeldrink und dem Joghurt vermengen und ebenfalls in das Glas geben. Die restlichen Brombeeren darüber streuen und das Glas in den Kühlschrank stellen.
3. Alles bis zum nächsten Morgen im Kühlschrank lassen und dann genießen.

Exotische Eiscreme

357 kcal | 33 g Kohlenhydrate | 4 g Eiweiß | 17 g Fett

2 Port. 5 Min. leicht

Zutaten:

- 2 EL Kokosraspel
- 1 EL Dattelpaste siehe "Basic-Rezept"
- 100 ml Kokosmilch
- 400 g Heidelbeeren, tiefgefroren

Zubereitung:

1. Die tiefgefrorenen Heidelbeeren zusammen mit der Kokosmilch, den Kokosraspeln und der Dattelpaste in einen Shaker geben und alles auf höchster Stufe schön fein pürieren. Bei Bedarf kannst Du noch ein wenig Wasser hinzugeben.
2. Fülle nun alles in einen Behälter und gib das Eis für mindestens 4 Stunden in die Tiefkühltruhe.
3. Kurz vor dem Servieren herausnehmen und genießen.

Sweet-Avocado-Cream

227 kcal | 16 g Kohlenhydrate | 5 g Eiweiß | 16 g Fett

2 Port. 10 Min. leicht

Zutaten:

- 1 Avocado
- 1 Banane
- 1 Minze-Zweig
- 30 g Kakaopulver in Rohkostqualität

Zubereitung:

1. Halbiere erst die Avocado, entferne den Kern und hebe mit einem Esslöffel das Fruchtfleisch vorsichtig heraus.
2. Schäle die Banane und schneide sie in Stücke.
3. Fülle nun die beiden Zutaten in eine Schüssel und gib das Kakaopulver hinzu.
4. Püriere mit einem Stabmixer alles zu einer schön glatten Creme.
5. Wasche den Minze-Zweig und schüttele ihn trocken. Zupfe dann die Blätter vom Stängel.
6. Verteile die Creme auf 2 Schälchen oder Gläser und garniere mit der frischen Pfefferminze.

Tipp:

Du kannst die Creme im Kühlschrank noch ein wenig durchziehen lassen, wenn Du magst.

Geeister Joghurt-Traum

295 kcal | 29 g Kohlenhydrate | 17 g Eiweiß | 10 g Fett

2 Port. | 10 Min. | leicht

Zutaten:

- 300 g Himbeeren
- 125 g Heidelbeeren
- 100 g Erdbeeren
- 1 EL Saft einer unbehandelten Zitrone
- 500 g Sojajoghurt
- 30 g Dattelpaste siehe „Basic-Rezept“

Zubereitung:

1. Wasche zuerst die Himbeeren, die Erdbeeren und die Heidelbeeren.
2. Schneide die Erdbeeren als Nächstes klein.
3. Gib die gewaschenen Himbeeren, die Heidelbeeren und die Erdbeeren zusammen mit dem Saft der Zitrone und der Dattelpaste in einen Mixer und püriere alles kräftig durch.
4. Hebe nun den Sojajoghurt unter.
5. Fülle zum Schluss alles in ein passendes Gefäß und stelle es für mindestens 3 Stunden in das Gefrierfach.

Geschichtetes Beeren-Dessert

655 kcal | 45 g Kohlenhydrate | 10 g Eiweiß | 47 g Fett

2 Port. 5 Min. leicht

Zutaten:

- 450 g Sojajoghurt
- 200 g Himbeeren
- 4 EL Kokosraspel
- 1 Msp. gemahlene Vanille
- 2 EL Mandelblättchen

Zubereitung:

1. Beginne damit, die Himbeeren zu waschen und in einen Rührbecher zu geben. Püriere sie nun zu einer feinen Creme.
2. Vermenge die Kokosraspel mit dem Sojajoghurt und der Vanille.
3. Schichte immer abwechselnd in 2 Gläsern die Joghurt-Kokos-Creme und das Fruchtpüree. Verwende hierfür ruhig zwei Schraubgläser, die Du anschließend für unterwegs mitnehmen kannst.
4. Zum Schluss noch die Mandelblättchen als Garnitur darüber geben und genießen.

Erfrischendes Sorbet

70 kcal | 13 g Kohlenhydrate | 2 g Eiweiß | 1 g Fett

2 Port. 10 Min. leicht

Zutaten:

- 1 Msp. gemahlene Vanille
- 4 Basilikum-Stiele
- 400 g Erdbeeren (TK)
- 1 EL Saft einer unbehandelten Zitrone

Zubereitung:

1. Wasche zuerst das Basilikum. Lege ein paar Blätter für das Topping zur Seite und gib den Rest in einen Rührbecher.
2. Die Erdbeeren nun mit 100 ml Wasser, Zitronensaft und der Vanille in den Rührbecher geben und zu einer feinen Creme pürieren.
3. Verteile das Dessert auf zwei Schälchen und lege die Basilikumblätter als Garnitur darauf.
4. Genieße Dein erfrischendes Sorbet.

Zimt-Mandeln mit Vanille-Note

190 kcal | 1 g Kohlenhydrate | 6 g Eiweiß | 18 g Fett

2 Port. | 10 Min. | leicht

Zutaten:

- 1 Prise Ceylon-Zimtpulver
- 1 EL Kokosöl
- 1 TL gemahlene Vanille
- 50 g Mandeln

Zubereitung:

1. Dieses leckere Dessert ist super schnell zubereitet.
2. Erhitze hierfür in einer Pfanne das Kokosöl und dünste die Mandeln 3 Minuten an.
3. Gib den Zimt und die Vanille darüber und röste nochmals alles kurz an.
4. Anschließend herausnehmen, etwas auskühlen lassen und genießen.

Zimt-Kokos-Bällchen

195 kcal | 8 g Kohlenhydrate | 4 g Eiweiß | 17 g Fett

6 Stück | 10 Min. | leicht

Zutaten:

- 1 Msp. gemahlene Vanille
- 70 g Kokosöl
- 80 g Kichererbsenmehl
- 20 g Kokosraspel
- 20 g gehackte Mandeln
- 1 Prise Ceylon-Zimtpulver

Zubereitung:

1. Das Kokosöl in einem Topf erhitzen. Das Kichererbsenmehl hinzugeben und 3 Minuten anrösten.
2. Gib noch die Mandeln, den Zimt, die Vanille und die Kokosraspel in den Topf und vermische alles gründlich miteinander.
3. Den Topf von der Kochstelle nehmen und etwas auskühlen lassen.
4. Forme danach aus dem Teig 6 Bällchen und bewahre diese im Kühlschrank auf.

Hinweis:

Im Kühlschrank halten die Bällchen sich bis zu 14 Tagen.

Aprikosen-Dattel-Kugeln

110 kcal | 18 g Kohlenhydrate | 3 g Eiweiß | 3 g Fett

6 Stück | 5 Min. | leicht

Zutaten:

- 2 EL getrocknete Orangenschale
- 100 g entsteinte Datteln
- 1 Msp. gemahlene Vanille
- 60 g getrocknete Aprikosen
- 3 EL rohes Kakaopulver

Zubereitung:

1. Schneide zuerst die Aprikosen und die Datteln klein. Vermenge sie nun mit 2 EL Kakaopulver, der Orangenschale und der Vanille. Gib alles in eine Küchenmaschine und püriere es zu einer feinen Masse.
2. Forme hieraus nun 6 Kugeln und wälze sie im übrig gebliebenen Kakaopulver.
3. Stelle die Kugeln in den Kühlschrank.
4. Dies ist ein wunderbares Dessert für unterwegs und zwischendurch, dass garantiert Lust auf mehr macht.

Hinweis:

Im Kühlschrank sind die Bällchen bis zu 14 Tagen haltbar.

Schnelle Brot- und Kuchenrezepte

Viele Menschen backen sehr gerne, weil sie dabei richtig gut entspannen und auch ihrer eigenen Kreativität freien Lauf lassen können.

Vor allem das Brotbacken ist zu einem echten Trend geworden, denn so kannst Du wunderbar die volle Kontrolle über die verwendeten Zutaten behalten. Du isst kein Brot voller ungesunder Zusatzstoffe, Aromen und Geschmacksverstärker. Auch unnötige Süßmittel oder Zucker landen nicht in Deinem Brot.

Zudem kannst Du mit selbstgebackenem Brot immer maximale Frische gewährleisten und kaum etwas schmeckt so köstlich wie ofenfrisches Brot.

Auch beim Kuchenbacken kannst Du die volle Kontrolle über die Zutaten behalten. Du kannst die Zuckermenge reduzieren oder raffinierten Industriezucker durch gesündere Alternativen wie Kokosblütenzucker, Dattelpaste oder Trockenfrüchte ersetzen.

So kannst Du Kuchen ganz ohne Reue genießen.

Auf den nächsten Seiten erwarten Dich verschiedene Rezeptkreationen aus dem Bereich „Brot & Kuchen“. Viel Freude beim Ausprobieren.

Kartoffel-Brötchen

177 kcal | 19 g Kohlenhydrate | 4 g Eiweiß | 4 g Fett

8 Stück | 15 Min. | leicht

Zutaten:

- 250 g Dinkelmehl
- 300 g gekochte, warme Kartoffeln
- 75 ml Bio-Frischmilch (1,5 %)
- 2 EL raffiniertes Olivenöl
- 10 g Weinstein-Backpulver
- 1 TL Salz
- Metallschale mit Wasser

Zubereitung:

1. Zerstampfe in einem ersten Schritt die Kartoffeln mit dem Salz und dem Olivenöl.
2. Gib dann die Milch hinzu und verknete alles mit den Knethaken zu einer geschmeidigen Masse.
3. Vermische das Mehl mit dem Backpulver und gib es nach und nach zu dem Kartoffel-Teig hinzu.
4. Forme daraus acht Brötchen und lege sie auf ein mit Backpapier ausgelegtes Backblech.
5. Stelle eine Schüssel Wasser auf den Boden des Backofens und backe die Brötchen für 25 Minuten bei 180 Grad.
6. Nach der Backzeit die Brötchen herausnehmen, etwas auskühlen lassen und genießen.

Hinweis:

Alternativ kannst Du für die Bio-Frischmilch ungesüßte Sojamilch verwenden.

Vital-Leinsamen-Brötchen

289 kcal | 47 g Kohlenhydrate | 9 g Eiweiß | 5 g Fett

4 Port. 25 Min. leicht

Zutaten:

- 15 g weiche Bio-Butter
- 270 g Dinkelmehl
- ½ TL Salz
- 2 TL Weinstein-Backpulver
- 30 g Leinsamen
- 200 ml lauwarmes Wasser
- Metallschale mit Wasser

Zubereitung:

1. Schmelze zuerst die Butter in einem Topf.
2. Gib dann die zerlassene Butter in eine Rührschüssel und mische das Wasser, das Mehl, die Leinsamen, das Salz und das Backpulver unter.
3. Lasse nun den Brotteig eine Viertelstunde lang zugedeckt ruhen.
4. Aus dem Teig anschließend eine Rolle formen und in 4 Stücke schneiden.
5. Forme nun aus jedem Stück kleine Brötchen.
6. Drücke diese etwas platt und lege sie auf ein mit Backpapier ausgelegtes Backblech.
7. Die Brötchen für 35 bis 40 Minuten bei 210 Grad backen. Stelle auf den Boden des Ofens eine Schale mit Wasser, damit die Brötchen schön kross werden.

Hinweis:

Butter in Bio-Qualität wird als „neutral" eingestuft und gilt nicht als Säurebildner. Alternativ kannst Du auch Mandelbutter verwenden.

Basisches Schnittlauch-Brot

158 kcal | 24 g Kohlenhydrate | 4 g Eiweiß | 4 g Fett

1 Stück | 25 Min. | leicht

Zutaten:

- 400 g Dinkelmehl
- 1 TL Salz
- 30 ml Rapsöl
- 1 TL Weinstein-Backpulver
- 2 TL gehackter Schnittlauch in Röllchen
- 320 ml lauwarmes Wasser
- Metallschale mit Wasser

Zubereitung:

1. Vermische zuerst das Backpulver mit dem Mehl und dem Salz.
2. Gib dann den Schnittlauch, das Wasser und das Öl hinzu und verknete alles zu einem glatten Teig.
3. Gib den Teig nun in eine gefettete und bemehlte Brotbackform oder eine Kastenform.
4. Das Brot für 40 Minuten bei 180 Grad backen. Stelle eine kleine Schale mit Wasser auf den Boden des Backofens, damit das Brot schön knusprig wird.
5. Das fertige Brot herausnehmen, auskühlen lassen und servieren.

Gesundes Vital-Dinkel-Brot

259 kcal | 28 g Kohlenhydrate | 12 g Eiweiß | 8 g Fett

1 Stück | 15 Min. | leicht

Zutaten:

- 2 EL naturtrüber Apfelessig
- 200 g Kürbiskerne
- 50 g Sonnenblumenkerne
- 1 TL Salz
- 500 g Dinkelmehl
- 4 TL Weinstein-Backpulver
- 500 ml lauwarmes Wasser

Zubereitung:

1. Gib zuerst 100 g Kürbiskerne und die Sonnenblumenkerne in eine gefettete Kastenform.
2. Vermenge nun die restlichen Kerne mit dem Backpulver und dem Mehl.
3. Mische das lauwarme Wasser unter den Teig und verknete alles miteinander.
4. Den Apfelessig und das Salz hinzugeben und den Teig für 5 Minuten verkneten.
5. Fülle den Brotteig anschließend die Kastenform, bestreue diesen mit den restlichen Kernen und backe das Brot für 45 Minuten bei 200 Grad.
6. Anschließend aus dem Ofen nehmen und etwas auskühlen lassen.

Hausgemachtes Knäcke-Brot

72 kcal | 6 g Kohlenhydrate | 2 g Eiweiß | 2 g Fett

16 Stück | 20 Min. | leicht

Zutaten:

- 200 ml Wasser
- 1 EL Rapsöl
- 60 g Kürbiskerne
- 50 g Haferflocken, kernig
- 50 g Maismehl
- 60 g Dinkelmehl
- ½ TL Meersalz

Zubereitung:

1. Widme Dich zuerst den Kürbiskernen und hacke diese klein.
2. Die Haferflocken als nächstes mit dem Maismehl, dem Dinkelmehl, den Kürbiskernen und dem Salz in eine Schüssel geben und verrühren.
3. Mische das Öl mit dem Wasser hinzu und verknete alles zu einem Teig.
4. Kurz zur Seite stellen und für 10 Minuten ruhen lassen.
5. Rolle den Teig nun auf einem mit Backpapier ausgelegtes Backblech sehr dünn aus.
6. Den Teig nun für 15 Minuten bei 170 Grad backen.
7. Nimm das Knäckebrot heraus und schneide es in 16 Stücke. Anschließend nochmals kurz für 30 Minuten in den Backofen geben und backen.
8. Zum Schluss das Brot aus dem Ofen nehmen und auskühlen lassen.

Tipp:

Während der zweiten Backzeit von 30 Minuten solltest Du ungefähr alle 10 Minuten kurz die Backofentür öffnen. Dies hilft dabei, dass der Dampf abziehen kann und das Knäckebrot knusprig wird.

Soja-Dinkel-Brot

144 kcal | 30 g Kohlenhydrate | 6 g Eiweiß | 3 g Fett

1 Stück 20 Min. leicht

Zutaten:

- 1 Pck. Weinstein-Backpulver
- 300 ml ungesüßter Sojadrink
- 30 g weiche Bio-Butter
- 450 Dinkelmehl
- 1 TL Salz

Zubereitung:

1. Widme Dich zuerst dem Teig. Vermische dafür das Mehl mit dem Salz und dem Backpulver.
2. Zerlasse in einem Topf die Butter und mische diese unter den Teig.
3. Den Sojadrink hinzugeben und alles zu einem glatten Teig verarbeiten.
4. Knete den Teig gründlich durch und forme daraus einen runden Laib.
5. Lege den Brotlaib auf das Backblech und backe das Brot für 35 bis 40 Minuten bei 200 Grad.
6. Zum Schluss das Brot herausnehmen und auskühlen lassen.

Hinweis:

Butter in Bio-Qualität wird als „neutral" eingestuft und gilt nicht als Säurebildner. Alternativ kannst Du Mandelbutter verwenden.

Leinsamen-Möhren-Brot

320 kcal | 44 g Kohlenhydrate | 7 g Eiweiß | 6 g Fett

1 Stück | 15 Min. | leicht

Zutaten:

- ½ TL Natron
- 200 ml ungesüßter Haferdrink
- 1 Pck. Weinstein-Backpulver
- 75 g Sonnenblumenkerne
- 1 TL Meersalz
- 500 g Dinkelmehl
- 75 g Leinsamen
- 2 mittelgroße Möhren
- 1 frisches Bio-Ei

Zubereitung:

1. Schäle die Möhren und raspele diese fein.
2. In einer Schüssel das Mehl mit dem Natron, dem Backpulver, dem Salz, den Sonnenblumenkernen und den Leinsamen miteinander vermischen.
3. In einer separaten Rührschüssel den Haferdrink mit dem Ei verquirlen und die Mischung zusammen mit den Möhren unter den Teig mengen.
4. Verknete den Teig mit den Knethaken des Mixers oder einer Küchenmaschine.
5. Nochmals kurz mit der Hand kneten und zu einem Brotlaib formen. Bestreiche Dein Brot noch mit etwas Wasser.
6. Das Brot anschließend bei 180 Grad für 45 Minuten im Ofen backen.
7. Nimm das kernige Brot dann aus dem Backofen und lass es etwas abkühlen, bevor Du es servierst.

Tipp:

Alternativ kannst Du für das Bio-Ei 5 EL püriertes Seidentofu oder 1 EL Chiasamen, welche mit 3 Esslöffel im Wasser für ein paar Minuten gezogen sind, verwenden.

Brotvariation „Bella Italia"

217 kcal | 18 g Kohlenhydrate | 13 g Eiweiß | 14 g Fett

15 Stück | 15 Min. | leicht

Zutaten:

- 4 EL ungesüßter Haferdrink
- 1 Zwiebel
- 2 EL gehackter Schnittlauch
- 6 EL Rapsöl
- 1 TL Meersalz
- 250 g Sojajoghurt
- 300 g Dinkelmehl
- 1 Pck. Weinstein-Backpulver
- 1 TL gemischte italienische Kräuter (getrocknet)

Zubereitung:

1. Schäle die Zwiebel und schneide sie in Würfel.
2. Gib nun den Sojajoghurt, das Mehl, die Zwiebel, den Schnittlauch, das Rapsöl, das Backpulver, die getrockneten italienischen Kräuter, das Salz und den Haferdrink in eine Rührschüssel und verknete alles zu einem geschmeidigen Teig.
3. Den Teig als nächstes auf etwa 15 Portionen aufteilen, daraus kleine Brötchen formen und diese auf ein mit Backpapier ausgelegtes Backblech verteilen.
4. Die Brötchen für etwa 30 Minuten bei 175 Grad backen.
5. Nimm die kleinen Brote aus dem Ofen und lass sie auf einem Kuchengitter auskühlen.

Saftiges Sonnenblumen-Chia-Brot

105 kcal | 13 g Kohlenhydrate | 4 g Eiweiß | 3 g Fett

1 Stück 10 Min. leicht

Zutaten:

- 2 EL naturtrüben Apfelessig
- 500 g Vollkorn-Dinkelmehl
- 1 Pck. Trockenhefe
- 130 g Sonnenblumenkerne
- Prise Salz
- 20 g Chiasamen
- 500 ml Wasser

Zubereitung:

1. Beginne in einem ersten Schritt damit, die Sonnenblumenkerne, das Mehl, die Chiasamen, die Trockenhefe und 1 Prise Salz in einer Rührschüssel zu vermengen.
2. Gib nun 500 ml Wasser zu der Mehlmischung hinzu und verknete alles gründlich miteinander. Mische noch den Apfelessig unter und verarbeite alles mit den Knethaken Deines Mixers zu einem geschmeidigen Teig.
3. Fette eine Kastenform ein und bestäube sie etwas mit Mehl. Gib nun den Teig hinein und backe das Brot bei 200 Grad für 60 Minuten.
4. Nimm nach der Backzeit das Brot heraus, lasse es etwas abkühlen und genieße Dein frisch gebackenes Chia-Brot. Du kannst Dir hiervon 2 Scheiben abschneiden und in Deine Lunch-Box legen.

Apfel-Zimt-Brotkuchen

390 kcal | 64 g Kohlenhydrate | 7 g Eiweiß | 7 g Fett

1 Stück | 25 Min. | leicht

Zutaten:

- 1 TL Ceylon-Zimtpulver
- 400 g geraspelte Äpfel
- 1 Pck. Weinstein-Backpulver
- 250 g Dinkelmehl
- 80 g Kokosblütenzucker
- 100 ml Wasser

Zubereitung:

1. Vermenge die geraspelten Äpfel mit dem Ceylon-Zimtpulver und lass diese etwas ziehen.
2. Gib dann das Mehl mit dem Backpulver sowie 100 ml Wasser in eine Schüssel.
3. Mische die Äpfel unter und verknete alles zu einem glatten Teig.
4. Den Brotteig in eine gefettete Kasten- oder Brot-Form geben und für 40 Minuten bei 200 Grad backen.
5. Nimm das Brot heraus und lass es etwas auskühlen.

Tipp:

Wenn Du magst, kannst Du noch 100 g ungeschwefelte Rosinen mit in den Brotteig geben.

Schnelle Brownies ohne Backen

597 kcal | 38 g Kohlenhydrate | 15 g Eiweiß | 42 g Fett

2 - 4 Port. 10 Min. leicht

Zutaten:

- 1 Tasse Kakaopulver
- 2 Tassen Vanillepaste
- ¼ Tasse Mandeln
- 2 Tassen Walnusskerne
- 1 Prise Meersalz
- 1 Tasse entsteinte Datteln

Zubereitung:

1. Gib alle Zutaten in einen Multi-Zerkleinerer und mixe sie so lange kräftig durch, bis eine geschmeidige Teigmasse entstanden ist.
2. Bei Bedarf kannst Du noch ein wenig Wasser hinzugeben, achte aber bitte darauf, dass es nicht zu flüssig oder klebrig wird.
3. Forme aus dieser Masse nun kleine Vierecke und lege sie auf ein Blech.
4. Gib die Brownies dann für gut 2 Stunden in den Kühlschrank.
5. Anschließend kannst Du die frischen Brownies herausnehmen und genießen.

Herbstlicher Kuchen

453 kcal | 28 g Kohlenhydrate | 11 g Eiweiß | 32 g Fett

1 Stück (12 Port.) 20 Min. leicht

Zutaten:

- 350 g Walnusskerne
- 4 frische Bio-Eier
- 100 – 150 g Dattelpaste „Basic-Rezept"

Zubereitung:

1. Heize zunächst den Backofen vor: Stelle dazu eine Temperatur von 180 Grad Ober- und Unterhitze ein.
2. Zerkleinere nun die Walnusskerne mithilfe einer Küchenmaschine zu einem feinen Mehl.
3. Anschließend die Eier trennen. Die Eigelbe mit rund ¾ der Dattelpaste glattrühren. Verrühre diese Masse mit dem Walnusskernmehl und stelle sie beiseite. Danach das Eiweiß steif schlagen und mit der restlichen Dattelpaste vorsichtig unter die Walnuss-Eigelb-Mischung heben.
4. Fülle diese fertige Teigmasse in eine Springform und backe den Kuchen 35 Minuten lang bei 180 Grad.
5. Anschließend aus dem Backofen nehmen, auskühlen lassen und genießen.

Tipp:

Alternativ kannst Du für jedes Bio-Ei ½ reife zerdrückte Banane nehmen.

Bananen-Kekse

105 kcal | 20 g Kohlenhydrate | 3 g Eiweiß | 1 g Fett

2 Port. | 10 Min. | leicht

Zutaten:

- 100 g zarte Haferflocken
- 2 Bananen

Zubereitung:

1. Heize den Backofen zunächst einmal auf 175 Grad vor.
2. Schäle dann die Bananen und zerdrücke sie mit einer Gabel. Vermische sie mit den Haferflocken und forme aus dieser Teigmasse Kekse.
3. Lege die Kekse auf ein mit Backpapier ausgelegtes Blech und backe die Cookies im vorgeheizten Backofen ungefähr 20 Minuten lang. Anschließend kannst Du sie herausnehmen und genießen.

Kirsch-Kokos-Muffins

157 kcal | 22 g Kohlenhydrate | 4 g Eiweiß | 5 g Fett

12 Stück | 10 Min. | leicht

Zutaten:

- 150 g Kirschen
- 2 frische Bio-Eier
- 7 g Weinstein-Backpulver
- 100 g Dattelpaste siehe "Basic-Rezept"
- 250 g Kokosmilch
- 150 g Dinkelmehl
- 100 g Kokosflocken

Zubereitung:

1. Gib in eine Rührschüssel die Eier und die Dattelpaste. Schlage beides mit einem Handrührgerät schaumig.
2. Nach und nach die Kokosmilch untermischen und verrühren.
3. Vermenge in einer separaten Schüssel nun das Backpulver mit 80g Kokosflocken und dem Mehl und gib beides zu dem Teig hinzu. Alles glatt rühren. Eine Muffin Backform mit Papierförmchen auslegen.
4. Hier empfiehlt es sich, dass Du den Teig aufgrund der Konsistenz in Muffin Förmchen gießt.
5. Wasche die Kirschen und entsteine sie. Anschließend in jede Form 3 Kirschen legen.
6. Gib die restlichen Kokosflocken über den Teig.
7. Die Muffins nun bei 180 Grad für 20 Minuten goldbraun backen. Auskühlen lassen und servieren.

Tipp:

Alternativ kannst Du für jedes Bio-Ei ½ reife zerdrückte Banane nehmen.

Mini-Berry-Küchlein

134 kcal | 16 g Kohlenhydrate | 2 g Eiweiß | 5 g Fett

20 Stück | 15 Min. | leicht

Zutaten:

- 40 g Dattelpaste siehe „Basic-Rezept"
- 170 g Heidelbeeren
- 130 ml Kokosmilch
- 30 g Kokosflocken
- 75 g Hafermehl
- 20 g Kokosmehl
- 75 g Dinkelmehl

Zubereitung:

1. Wasche zuerst die frischen Heidelbeeren und püriere sie anschließend.
2. Gib in eine Schüssel nach und nach das Kokosmehl, die Kokosflocken, das Dinkelmehl und das Hafermehl. Verrühre alles gründlich miteinander.
3. Füge anschließend die pürierten Heidelbeeren, die Dattelpaste und die Kokosmilch hinzu und mixe alles mit dem Handrührgerät zu einem Teig.
4. Gib den Teig in Muffin Förmchen und backe die Küchlein für 12 bis 15 Minuten bei 180 Grad.
5. Die frischen Muffins aus dem Ofen nehmen und erkalten lassen.

Fruit Infused Water / Basische Wasser

Eine ausreichende Flüssigkeitszufuhr ist für den Körper von besonderer Bedeutung – vor allem begleitend zu einer basischen Ernährung.

Einfach nur pures Wasser zu trinken, ist aber oftmals viel zu langweilig und Fruchtsäfte sind häufig nicht wirklich eine gesunde Alternative. Der neue Trend, der hier eine gesunde Umsetzungsvariante bietet, heißt „Infused Water". Dieses „Geschmackswasser" ist sehr lecker und zudem ganz unkompliziert zuzubereiten.

Je nachdem, welche Zutaten Du verwendest, kannst Du damit viele positive Effekte erzielen. So liefert Dir frische Zitrone eine Extraportion Energie, optimiert die Stoffwechselprozesse und verbessert die Verdauung. Gurken sind richtig erfrischend und vor allem an heißen Sommertagen ein echter Genuss. Alle Beeren- und Fruchtsorten bringen ordentlich geschmackliche Abwechslung in Deine Wasserflasche und sind ein Power-Booster für Deine Immunabwehr. Auch Kräuter sind ein wichtiger Bestandteil von Infused Water: So wirkt Rosmarin zum Beispiel regenerierend und muskulär entspannend. Frische Pfefferminze verbessert das Hauterscheinungsbild, erfrischt Körper und Geist und kann zudem Allergien vorbeugen. In diesem Kapitel findest Du neue Inspirationen. Entdecke einfach Deine Lieblingszutaten und verfeinere so Dein tägliches Wasser. Ganz egal, ob Ingwer, Zitrone, Gurke, frische Kräuter oder Früchte: Deiner Kreativität sind keine Grenzen gesetzt.

Fruchtiges Sommer-Wasser

76 kcal | 15 g Kohlenhydrate | 1 g Eiweiß | 1 g Fett

2 Port. 10 Min. leicht

Zutaten:

- 1 Pfirsich
- 250 g Erdbeeren
- 1 ½ l stilles Wasser
- Etwas Crushed-Ice

Zubereitung:

1. Beginne in einem ersten Schritt damit, den Pfirsich und die Erdbeeren zu waschen.
2. Nimm nun etwa 1/3 der Erdbeeren zur Seite. Bei den übrigen Beeren den Stiel entfernen und in Scheiben schneiden.
3. Halbiere den Pfirsich, entferne den Kern und schneide ihn in Stücke.
4. Gib anschließend alle Früchte in den Infusion-Krug und fülle das Wasser sowie die Eiswürfel hinzu.
5. Lasse Dein Infused Water am besten mindestens 30 Minuten ziehen.

Erfrischendes Zitronen-Wasser

15 kcal | 3 g Kohlenhydrate | 0 g Eiweiß | 0 g Fett

2 Port. 5 Min. leicht

Zutaten:

- 2 unbehandelte Zitronen
- 1 l Mineralwasser
- 4 Minz-Stiele

Zubereitung:

1. Für dieses Wasser musst Du zuerst die Zitronen abwaschen und anschließend auspressen.
2. Wasche die Minze und gib sie in den Infusion-Krug. Den Zitronensaft zusammen mit dem Mineralwasser hinzugeben.
3. Lasse Dein Infused Water für mindestens 30 Minuten ziehen. Anschließend kannst Du Dein Wasser genießen.

Gurken-Wasser mit Frische-Kick

30 kcal | 4 g Kohlenhydrate | 2 g Eiweiß | 1 g Fett

2 Port. | 10 Min. | leicht

Zutaten:

- 1 ½ l stilles Wasser
- 2 unbehandelte Zitronen
- Etwas Crushed-Ice
- 1 Gurke

Zubereitung:

1. Zuerst die Zitronen gründlich abwaschen und in Scheiben schneiden.
2. Als nächstes die Gurke waschen und ebenfalls in Scheiben schneiden.
3. Gib die Zitronen und die Gurken nun in einen Infusion-Krug
4. Fülle das stille Wasser hinzu und gib noch ein paar Eiswürfel hinein.
5. Das Infused Water für mindestens 30 Minuten stehen lassen und anschließend genießen.

Spicy-Water

21 kcal | 4 g Kohlenhydrate | 1 g Eiweiß | 0 g Fett

2 Port. 10 Min. leicht

Zutaten:

- 1 ½ l stilles Wasser
- 1 unbehandelte Zitrone
- ½ Jalapeño-Schote

Zubereitung:

1. Wasche zuerst die Jalapeños und die Zitronen ab.
2. Halbiere 1 Zitrone, presse den Saft heraus und schneide beide Zitronen in Scheiben.
3. Entferne von den Jalapeños die Samen und schneide die Schote klein.
4. Gib nun die Jalapeño und die Zitronenscheiben in den Infusion-Krug. Gieße das Wasser hinzu und lasse Dein Getränk ungefähr 30 Minuten ziehen.

Minze trifft exotische Ananas

78 kcal | 16 g Kohlenhydrate | 2 g Eiweiß | 0 g Fett

2 Port. | 10 Min. | leicht

Zutaten:

- 3 Minze-Zweige
- 250 g Ananas
- 1 kleine Gurke
- 1 ½ l stilles Wasser
- Etwas Crushed-Ice

Zubereitung:

1. Widme Dich zuerst der Ananas und halbiere diese. Entferne den Strunk, schäle die Frucht und schneide sie anschließend klein.
2. Wasche die Gurke und schneide sie in Scheiben.
3. Die frische Minze ebenfalls waschen.
4. Gib nun die Gurke, die Minze und die Ananas in einen Infusion-Krug. Das Wasser und die Eiswürfel hinzugeben und für mindestens 30 Minuten ziehen lassen.

Infused-Salbei-Water

83 kcal | 16 g Kohlenhydrate | 2 g Eiweiß | 0 g Fett

2 Port. | 10 Min. | leicht

Zutaten:

- 12 Salbei-Blätter
- 2 unbehandelte Orangen
- 1 ½ l stilles Wasser

Zubereitung:

1. Wasche zuerst die Salbei-Blätter und die Orangen gründlich ab.
2. Halbiere nun 1 Orange und presse den Saft heraus. Die restlichen Früchte nun in Scheiben schneiden.
3. Gib den Saft der Orange, die Orangenscheiben und die Salbei-Blätter in einen Infusion-Krug.
4. Das Wasser zu guter Letzt hinzugeben und mindestens 30 Minuten ziehen lassen.

Wasser mit Vanille-Aroma

25 kcal | 2 g Kohlenhydrate | 0 g Eiweiß | 1 g Fett

2 Port. 10 Min. leicht

Zutaten:

- 1 Vanilleschote
- 2 unbehandelte Limetten
- 1 ½ l stilles Wasser
- Etwas Crushed-Ice

Zubereitung:

1. Wasche die Limetten gründlich ab. Halbiere nun 1 Limette und presse den Saft heraus. Die übrige Frucht in Scheiben schneiden.
2. Schneide als Nächstes die Vanilleschote mit einem Messer ein und kratze das Mark heraus.
3. Gib das Vanillemark zusammen mit den Limetten und dem Limettensaft in den Einsatz des Infusion-Krugs. Alles für 30 Minuten ziehen lassen und genießen.

Summer-Feeling

88 kcal | 19 g Kohlenhydrate | 2 g Eiweiß | 1 g Fett

2 Port. | 10 Min. | leicht

Zutaten:

- 3 Rosmarinzweige
- 450 g Wassermelone, kernlos
- Etwas Crushed-Ice
- 1 ½ l stilles Wasser

Zubereitung:

1. Schneide die Wassermelone zuerst in der Hälfte durch und entnimm das Fruchtfleisch. Anschließend das Fruchtfleisch in Würfel schneiden.
2. Den Rosmarin ebenfalls waschen und zusammen mit der Melone in den Einsatz des Infusion-Krugs füllen. Ein paar Eiswürfel hinzugeben und das Sommer-Getränk 30 Minuten ziehen lassen und servieren.

Frucht-Mix

74 kcal | 15 g Kohlenhydrate | 1 g Eiweiß | 1 g Fett

2 Port. | 15 Min. | leicht

Zutaten:

- 2 Pflaumen
- 2 Pfirsiche
- 10 Salbei-Blätter
- 1 ½ l stilles Wasser

Zubereitung:

1. Die frischen Pflaumen und Pfirsiche waschen, halbieren und entsteinen. Anschließend klein schneiden und in den Einsatz des Infusion-Krugs geben.
2. Die Salbeiblätter waschen und ebenfalls in den Krug geben.
3. Gib am Ende das stille Wasser hinzu und lasse Dein Infused Water für mindestens 30 Minuten ziehen.

Immunsystem-Boost-Water

384 kcal | 19 g Kohlenhydrate | 18 g Eiweiß | 23 g Fett

2 Port. 15 Min. leicht

Zutaten:

- 1 Tropfen Orangenöl (ätherisch)
- 2 unbehandelte Blutorangen
- 1 TL Saft einer unbehandelten Zitrone
- 1 Vanilleschote
- 1 ½ l stilles Wasser
- 1 TL Kardamom-Kapseln (alternativ Pulver)

Zubereitung:

1. In einem ersten Schritt die Orangen waschen und 1 Orange halbieren und den Saft herauspressen. Die übrige Frucht anschließend in Scheiben schneiden.
2. Schneide nun die Vanilleschote der Länge nach auf und hole das Mark heraus.
3. In einen Infusion-Krug die Orangenscheiben und die Vanilleschote geben.
4. Befülle als Nächstes die Kardamomkapseln in ein Tee-Ei und gebe dieses ebenfalls in den Infusion-Krug.
5. Gieße als letztes das Wasser, den Blutorangensaft, den Zitronensaft und das Orangenöl in den Krug und lass alles für 30 Minuten ziehen.

Hinweis:

Du kannst, wenn Du möchtest, noch ein paar Eiswürfel in das Wasser geben, so wird es noch erfrischender.

Detox - Basenfasten

Das Basenfasten ist wie ein Frühjahrsputz für Deinen Körper.
In diesen Tagen werden überwiegend frische Früchte, Gemüse, Kartoffeln und Kräuter gegessen. Die Nährstoffe werden in Deiner Leber abgebaut und dort in körpergerechte Bausteine und Energielieferanten zerlegt.

Für den gestressten und säurebelasteten Körper bedeutet das eine massive Entlastung: Die Knochen werden vor dem Abbau geschützt und auch der Druck auf das Bindegewebe sinkt. Die positiven Auswirkungen des Detox-Basenfastens wirst Du schon innerhalb kürzester Zeit spüren. Beschwerden wie Kopfschmerzen müssten nachlassen, die Verdauung wird optimiert und der Nachtschlaf wird wieder erholsamer.

Gemüse, Kräuter, frisches Obst und Kartoffeln bringen zudem nicht nur Deinen Säure-Basen-Haushalt in Balance, sondern versorgen Deinen Körper auch mit wertvollen Vitaminen, sekundären Pflanzenstoffen,

Mineralien und Spurenelementen. Vor allem die kostbaren sekundären Pflanzenstoffe schützen vor schädlichen freien Radikalen, senken auf natürliche Weise den Blutdruck und einen zu hohen Cholesterinwert im Körper. Auch für das Nervensystem ist das Basenfasten eine reine Wohltat.

Ein weiterer Vorteil ist, dass die Fettverbrennung angeregt wird. Vor allem das Vitamin C pusht die Fettverbrennung ordentlich und sagt lästigen Pfunden den Kampf an. Viele Oats- und Porridge-Mahlzeiten, Suppen, Salate und leichte Gemüsegerichte helfen Dir schon innerhalb einer Woche ein paar Kilo Gewicht zu reduzieren.
Die pflanzenbasierte, basische Ernährung während des Detox-Basenfastens ist also ein ideales Komplettprogramm für Wohlbefinden, Schönheit und Gesundheit!

Basenfasten fördert darüber hinaus die Schönheit Deiner Haut: Sie kann deutlich besser Feuchtigkeit speichern und wird tiefenwirksam mit wertvollen und aufbauenden Nährstoffen versorgt. Auf diese Weise können sich Hautzellen neu bilden und deutlich besser regenerieren. Das Resultat ist eine straffere, widerstandsfähige und strahlend schöne Haut!

Mit nur wenigen Zutaten sorgen wir in diesen Basenfasten-Tagen für reichlich Geschmack! Die Fastenrezepte stoppen die Übersäuerung und fördern Deine Gesundheit. Durch das herrliche Aroma der frischen Kräuter- und Gemüsesorten kommt auch der Geschmack nicht zu kurz.
Besonders Früchte sind ein zentraler Bestandteil der Fastentage: Sie sind nicht nur ausgezeichnete Basenbildner, sondern wahre Vitaminschätze. Die Fruchtsüße ist zudem ein wunderbarer Helfer gegen Heißhungerattacken und bringt auch den Blutzuckerspiegel nicht aus der Balance. Herkömmlicher Zucker ist natürlich tabu.

Fasten verbinden viele von uns mit einer deutlichen Verzichtsphase, doch keine Sorge: Hungern musst Du in diesen Tagen mit Sicherheit nicht. Die basenbildenden Lebensmittel haben eine sehr hohe Nährstoffdichte und aus diesem Grund kannst Du nach Lust und Laune zugreifen. Vor allem

Suppen und Salate machen richtig gut satt und das mit nur sehr wenig Kalorien!
Suppen sind auch ideal zum Mitnehmen geeignet. Doch ein wichtiger Punkt ist hierbei zu beachten: Gemüse ist sehr empfindlich: Die Farbe, der Geschmack, aber auch die bioaktiven Pflanzenstoffe sowie die Vitamine leiden unter hohen Temperaturen. Daher werden die Garzeiten für To-Go-Gemüsesuppen etwas kürzer bemessen. Durch längeres Warmhalten sowie durch Wiederaufwärmen gart das Gemüse nämlich nach.
Lass die Suppe vor dem Transport also rasch abkühlen und wärme sie am Arbeitsplatz am besten erneut auf. Wenn Du keine Aufwärmmöglichkeiten hast, kannst Du die Suppe auch in einen Warmhalte-Behälter füllen. Auf diese Weise sicherst Du die Nährstoffqualität!

Salate sind ebenfalls bestens für die Arbeit geeignet. Du kannst mittags eine Salatvariation genießen und abends eine andere: So kommt reichlich Abwechslung auf Deinen Tisch. Du kannst einfach die doppelte Menge zubereiten: So hast Du für mittags in der Arbeit genug zu essen und findest auch noch Essen vor, wenn du abends nach Hause kommst. Das spart Dir viel Zeit, die Du für andere schöne Aktivitäten nutzen kannst: wie Sport treiben, Freunde treffen oder auch einfach mal die Seele baumeln lassen.

Das basische Detox-Basenfasten soll der Startschuss für ein gesünderes Leben sowie für gesündere Essgewohnheiten sein. Immer mehr Menschen streben nach dem Wunschgewicht und geraten somit in nicht seltenen Fällen in Essstörungen. Sie sehen das Essen und im Grunde jede Mahlzeit als Bedrohung an und kontrollieren ihre Lebensmittelauswahl sehr streng. Diese strengen Verbote führen aber nur dazu, dass in fordernden Lebenssituationen das kontrollierte Verhalten zusammenbricht und sich die betroffenen Personen den Bauch mit verbotenen Dingen vollschlagen. Das Ergebnis ist eine wachsende Unzufriedenheit und ein zunehmend steigendes Körpergewicht. Für diese „Abweichungen" bestrafen sich die Betroffenen dann noch härter was zu einem Teufelskreis führt, der nicht nur unglücklich, sondern auch richtig krank macht. Der Ausweg aus diesem

Dilemma ist eine geschmackvolle, basische Ernährung: Genieße jeden Bissen und freue Dich auf Mahlzeiten ohne Reue!

Das Basenfasten ist eine große Chance für neue, gesündere Essgewohnheiten. Deine Geschmacksrezeptoren werden sich schon in den ersten Tagen an den leichten und natürlichen Geschmack der basischen Lebensmittel gewöhnen, sodass es Dir auch langfristig nicht schwerfallen wird, das neue gesunde Essverhalten beizubehalten.
Die Entdeckung neuer Geschmäcker wird ebenfalls dazu führen, dass Du schon beim Kochen weniger Fett verwendest. Die Geschmackswahrnehmung wandelt sich also signifikant. Allmählich wirst du fettreiche Speisen und auch sehr zuckerreiche Gerichte als äußerst unangenehm empfinden. Du wirst lieber zu frischem Obst anstatt zu Süßspeisen greifen.
Die Änderung der individuellen Ernährungsgewohnheiten ist immer ein Prozess, der Geduld erfordert. Das Detox-Basenfasten kann ein wunderbarer Einstieg dazu sein.

Trinken nicht vergessen

Trinken ist beim Basenfasten besonders wichtig! Trinke zum Frühstück und den gesamten Tag über. Aromatische Kräuter und Früchte verfeinern Dein Wasser und auch Kräutertees sind eine hervorragende Wahl. Auf Schwarztee, Kaffee und zuckerreiche Limonaden solltest Du jedoch verzichten.
Du wirst sehen, wie Du schon nach wenigen Tagen des Basenfastens einen deutlichen Energiekick bekommst – auch ohne die gewohnte Tasse Kaffee.
Für die Zubereitung von Shakes, Smoothies – und übrigens auch für Dein Porridge – solltest Du auf Milchalternativen zurückgreifen, das heißt auf Soja-, Reis-, Mandel- oder Haferdrinks.
Wenn Du mal einen Smoothie oder ein Gericht mit Joghurt verfeinern möchtest, kannst Du Sojajoghurt, aber auch Mandel- oder Kokosjoghurt verwenden.

Kartoffeln – ein zentraler Bestandteil für Deine Basenfasten-Tage

Kartoffeln sind ein wichtiger Bestandteil vieler Gerichte, so auch von Suppen und Salaten. Kartoffeln gelten zu Unrecht als Dickmacher, denn in Wahrheit sind sie ein echtes Schlank-Food.
100 Gramm Kartoffeln beinhalten gerade mal 70 Kalorien: Sie sättigen aber langanhaltend mit komplexen Kohlenhydraten und schenken Dir viel Energie für Deinen Arbeitstag!
Kartoffeln enthalten zudem reichlich wertvolle Vitamine, Mineralien und gut verwertbare Proteine, die Dein Körper dringend für den Aufbau neuer Zellen, kräftiger Muskeln und sowie körpereigener Schutzstoffe braucht.
Kartoffeln sind starke Basen-Bildner und haben somit eine Sonderstellung im Ernährungsplan.

Last but not least – Sorge für ausreichend Bewegung

In den Basenfastentagen sollte die Bewegung nicht zu kurz kommen. Bewegung ist für den Körper von zentraler Bedeutung, damit der mit lebenswichtigem Sauerstoff versorgt werden kann. Bewegung fördert das Herz-Kreislauf-System, regt die Fettverbrennung an und baut zudem wertvolle Muskelmasse auf. Und wer eine höhere Muskelmasse hat, verbraucht auch im Ruhezustand deutlich mehr Fett, als untrainierte Personen.

Neben dem Sport dürfen jedoch auch der Stressabbau und die eigene Regeneration nicht zu kurz kommen. Wenn wir langfristig mit zu vielen Stressbelastungen konfrontiert werden steigt der Cortisolspiegel im Blut an. Dieses Stresshormon hemmt nicht nur den Fettabbau, sondern sorgt sogar für eine weitere Gewichtszunahme! Lerne daher auch mal „Nein" zu sagen und auf Dich selbst zu schauen. Gönne dir mal eine Auszeit mit einem guten Buch auf dem Sofa, einer entspannenden Tasse Tee, einer interessanten Serie oder einer kleinen Meditation. Auch autogenes Training oder sanfte Yoga-Flows helfen Dir beim Entspannen.

Basenfasten-Rezepte für Deine 7-Tage Detox-Woche

Tag 1: Herbstliches Porridge mit frischen Birnen

269 kcal | 40 g Kohlenhydrate | 9 g Eiweiß | 8 g Fett

2 Port. | 10 Min. | leicht

Zutaten:

- 1 EL Haselnüsse
- 60 g zarte Haferflocken
- 2 EL getrocknete Cranberrys
- 2 Birnen
- 300 ml ungesüßter Sojadrink
- 250 ml Wasser

Zubereitung:

1. Für dieses leckere Porridge musst Du zuerst die Haferflocken und die Cranberrys in einen Topf geben. Gieße nun 250 ml Wasser hinzu und verrühre alles gründlich. Bringe das Porridge für 5 Minuten zum Köcheln.
2. Gib nun den Sojadrink zu dem Porridge hinzu und lasse es nochmals für 5 Minuten köcheln.
3. In der Zwischenzeit kannst Du die Birnen waschen, halbieren, entkernen und in Würfel schneiden.
4. Die Haselnüsse klein hacken und zusammen mit den Birnen zum Porridge geben.
5. Erhitze nochmals kurz alles und serviere Dein frisches Porridge noch lauwarm.

Tag 1: Sommerlicher Melonen-Salat

141 kcal | 19 g Kohlenhydrate | 3 g Eiweiß | 6 g Fett

2 Port. | 10 Min. | leicht

Zutaten:

- 250 g Honigmelone
- 250 g Strauchtomaten
- 2 EL Saft einer unbehandelten Zitrone
- ½ Bund Basilikum
- ½ Kopfsalat
- 1 EL Olivenöl extra nativ
- Prise Meersalz
- Prise Pfeffer

Zubereitung:

1. Wasche zuerst die Tomaten und schneide sie in Würfel. Die Melone ebenfalls halbieren, die Kerne entfernen und das Fruchtfleisch würfeln.
2. Als Nächstes das Basilikum waschen und klein schneiden.
3. Den Kopfsalat ebenfalls waschen und klein schneiden.
4. Gib nun die Tomaten mit der Melone, dem Basilikum, dem Olivenöl und dem Zitronensaft in eine Salatschüssel.
5. Vermische den Salat gründlich und würze ihn etwas mit Salz und Pfeffer. Richte im Anschluss alles an und genieße den Salat.

Tag 1: Gazpacho

269 kcal | 40 g Kohlenhydrate | 10 g Eiweiß | 7 g Fett

2 Port. 15 Min. leicht

Zutaten:

- 2 rote Paprikaschoten
- 300 g festkochende Kartoffeln
- 200 g Gurke
- 1 EL Olivenöl extra nativ
- Meersalz
- Pfeffer
- 2 Knoblauchzehen
- 1 kg reife Strauchtomaten

Zubereitung:

1. Wasche zuerst die Kartoffeln. Anschließend in Scheiben schneiden und in kochendem Wasser gar werden lassen.
2. In der Zwischenzeit kannst Du die Tomaten waschen und anschließend klein schneiden. Den Knoblauch als Nächstes schälen und klein hacken.
3. Die Gurke und die Paprika waschen und klein schneiden.
4. Vermenge nun die Kartoffeln mit dem Knoblauch, dem Olivenöl und den Tomaten. Fülle sie in einen Rührbecher und püriere sie zu einer Creme. Mit Salz und Pfeffer würzen.
5. Gib die Gazpacho bis zum Servieren in ein Glas.
6. Die Paprika- und Gurkenstücke separat aufbewahren und erst kurz vor dem Servieren in die Suppe geben.

Tag 2: Exotische Overnight-Oats

256 kcal | 33 g Kohlenhydrate | 8 g Eiweiß | 9 g Fett

2 Port. | 10 Min. | leicht

Zutaten:

- 1 EL Mandelblättchen
- 2 getrocknete Pflaumen
- 1 Mango
- 40 g kernige Haferflocken
- 250 g Sojajoghurt

Zubereitung:

1. Dieses Frühstück musst Du bereits am Vorabend zubereiten. Schneide hierfür die getrockneten Pflaumen klein und gib sie zusammen mit 100 ml kaltem Wasser und den Haferflocken in eine Schüssel. Lasse alles über Nacht im Kühlschrank quellen.
2. Am nächsten Tag kannst Du die Mango halbieren, das Fruchtfleisch herauslösen und klein schneiden.
3. Die Overnight-Oats inklusive der Einweichflüssigkeit mit dem Sojajoghurt vermengen.
4. Mische abschließend die Mango und die Mandelblättchen unter und genieße Dein frisches exotisches Frühstück.

Hinweis:

Zusätzlicher Zeitaufwand: Die Haferflocken-Mischung sollte eine Nacht im Kühlschrank quellen.

Tag 2: Frühlings-Kartoffel-Salat

283 kcal | 38 g Kohlenhydrate | 7 g Eiweiß | 11 g Fett

2 Port. 10 Min. leicht

Zutaten:

- 100 g Feldsalat
- 400 g festkochende Kartoffeln
- 1 weiße Küchenzwiebel
- ½ Bund Dill
- 300 g Gurken
- 2 EL Apfelessig
- 1 EL Olivenöl extra nativ
- Kräutersalz
- Pfeffer
- 150 ml heiße natürliche Gemüsebrühe siehe „Basic-Rezept“

Zubereitung:

1. Wasche zuerst die Kartoffeln und koche sie in etwas Wasser gar. Anschließend kannst Du die Schale entfernen und die Kartoffeln in Scheiben schneiden.
2. Schäle nun die Zwiebel und hacke diese klein.
3. Gib die Kartoffeln zusammen mit der Zwiebel, dem Öl, dem Essig und der Gemüsebrühe in eine Schüssel. Gründlich vermengen und mit Salz und Pfeffer würzen.
4. Als nächsten Schritt die Gurken waschen und in Scheiben schneiden. Den Dill waschen und klein hacken.
5. Die Gurken und den Dill zu dem Kartoffelsalat geben, alles miteinander vermengen. Serviere den Kartoffelsalat nun mit dem Feldsalat.

Tag 2: Grüne Detox-Suppe

196 kcal | 27 g Kohlenhydrate | 7 g Eiweiß | 6 g Fett

2 Port. | 15 Min. | leicht

Zutaten:

- ½ Bund Basilikum
- 300 g festkochende Kartoffeln
- 4 EL Sojasahne
- 300 g Lauch
- 1 l natürliche Gemüsebrühe siehe „Basic-Rezept"
- Meersalz
- Pfeffer
- Etwas frisch geriebene Muskatnuss

Zubereitung:

1. Beginne damit, die Kartoffeln zu waschen, zu schälen und in kleine Stücke zu schneiden. Den Lauch ebenfalls waschen und in Ringe schneiden.
2. Die Gemüsebrühe zum Kochen bringen und den Lauch sowie die Kartoffeln hinzugeben. Würze die Suppe mit etwas Muskatnuss und lasse sie 7 Minuten köcheln.
3. Gib nach der Kochzeit die Sojasahne hinzu und püriere die Suppe zu einer cremigen Konsistenz.
4. Anschließend die Suppe abkühlen lassen.
5. Wasche das Basilikum, schneide es klein und gib es zur Suppe dazu. Mit Salz und Pfeffer abschmecken und servieren.

Tag 3: Schneller Basen-Smoothie

253 kcal | 51 g Kohlenhydrate | 6 g Eiweiß | 2 g Fett

2 Port. 5 Min. leicht

Zutaten:

- 2 TL Rosinen
- 1 Apfel
- 30 g zarte Haferflocken
- 500 ml Rote-Bete-Saft
- 200 g Ananas

Zubereitung:

1. Diesen Smoothie kannst Du bereits am Vorabend vorbereiten. Gib hierfür die Rosinen zusammen mit 100 ml kaltem Wasser in ein Glas und lasse es über Nacht im Kühlschrank ziehen.
2. Am nächsten Tag die Ananas und den Apfel schälen und klein schneiden.
3. Gib die Früchte in eine Küchenmaschine oder in einen Smoothie-Maker und fülle die eingeweichten Rosinen, das Einweichwasser, die Haferflocken und den Rote-Bete-Saft hinzu. Alles zu einem Saft pürieren und genießen.
4. Du kannst den Saft nun in Deine Smoothie-Flasche füllen und mitnehmen.

Tag 3: Rote-Bete-Ananas-Salat zum Mitnehmen

160 kcal | 24 g Kohlenhydrate | 4 g Eiweiß | 5 g Fett

2 Port. 10 Min. leicht

Zutaten:

- 150 g gemischter Salat
- 300 g Rote-Bete
- 100 g Ananas
- ½ unbehandelte Zitrone
- 50 ml Kokosmilch
- Meersalz
- Pfeffer
- 100 ml natürliche Gemüsebrühe siehe „Basic-Rezept"

Zubereitung:

1. Wasche zuerst das Obst und Gemüse gründlich ab.
2. Die Rote-Bete nun in reichlich Wasser bissfest kochen. Anschließend kurz auskühlen lassen und danach in Scheiben schneiden.
3. Reibe die Schale der Zitrone ab. Halbiere sie anschließend und presse den Saft heraus.
4. Für das Dressing die Gemüsebrühe mit der Zitronenschale und der Kokosmilch in eine Schüssel geben und aufkochen lassen. Gib 2 EL Zitronensaft hinzu und lasse alles nochmals kurz köcheln. Mit dem Mixstab kurz vermengen.
5. Das Dressing mit der Roten-Bete vermischen und mit Salz und Pfeffer würzen. Gib noch etwas Zitronensaft hinzu und schmecke den Salat gut ab.
6. Die Ananas schälen und klein schneiden.
7. Schichte den frischen Salat in Schraubgläser. Zuerst kommt der Rote-Bete-Salat. Anschließend kannst Du die Ananas darüber geben. Die Salatblätter als Garnitur auf den Salat setzen und servieren.

Tag 3: Kartoffel-Champignon-Suppe

160 kcal | 16 g Kohlenhydrate | 6 g Eiweiß | 10 g Fett

2 Port. 10 Min. leicht

Zutaten:

- 400 g Spargel, weiß
- 1 festkochende Kartoffel
- ¼ unbehandelte Zitrone
- 1 l natürliche Gemüsebrühe siehe „Basic-Rezept"
- 200 g Lauch
- 200 g Champignons
- 1 EL raffiniertes Olivenöl
- Meersalz
- Pfeffer

Zubereitung:

1. Wasche zuerst die Kartoffel und den Lauch gründlich ab. Die Kartoffel schälen und klein schneiden. Den Lauch in Ringe schneiden.
2. Den Spargel und die Champignons waschen und in Scheiben schneiden.
3. Wasche die Zitrone und reibe die Schale ab. Halbiere sie anschließend und presse 2 EL Zitronensaft heraus.
4. Bringe nun die Gemüsebrühe in einem Topf zum Kochen. Die Kartoffeln und das Öl hinzugeben und 7 Minuten köcheln lassen.
5. Nach und nach den Spargel, die Champignons, den Lauch und die Zitronenschale hineingeben. Die Suppe weitere 7 Minuten zugedeckt köcheln lassen.
6. Nach der Kochzeit kannst Du die Suppe mit einem Pürierstab zu einer cremigen Konsistenz pürieren. Mit etwas Salz und Pfeffer würzen und genießen.

Tag 4: Berry-Overnight-Oats

257 kcal | 31 g Kohlenhydrate | 8 g Eiweiß | 10 g Fett

2 Port. 10 Min. leicht

Zutaten:

- 250 g Heidelbeeren
- 2 getrocknete, entsteinte Datteln
- 250 g Sojajoghurt
- 40 g kernige Haferflocken
- 1 EL Walnüsse

Zubereitung:

1. Diese Oats kannst Du wieder am Vorabend vorbereiten.
2. Gib die Haferflocken zusammen mit 100 ml Wasser in eine Schüssel. Die Datteln klein schneiden und dazu geben. Alles zugedeckt im Kühlschrank über Nacht quellen lassen.
3. Hacke am nächsten Morgen die Walnüsse klein und gib sie zusammen mit den Haferflocken, dem Sojajoghurt und der Einweichflüssigkeit in eine Schüssel.
4. Wasche die Heidelbeeren und mische sie unter die Oats. Alles miteinander verrühren und genießen.
5. Dieses Frühstück kannst Du anschließend in Deine Lunch-Box füllen und unterwegs oder auf Deiner Arbeit genießen.

Hinweis:

Zusätzlicher Zeitaufwand: Die Haferflocken-Mischung sollte eine Nacht im Kühlschrank quellen.

Tag 4: Orientalischer Bohnen-Salat

126 kcal | 12 g Kohlenhydrate | 6 g Eiweiß | 6 g Fett

2 Port. 15 Min. leicht

Zutaten:

- 2 EL Apfelessig
- 1 EL Olivenöl extra nativ
- Meersalz
- Pfeffer
- 300 g grüne Bohnen (TK)
- ½ Bund Basilikum
- ½ Zwiebel
- 1 Knoblauchzehe
- 300 g Strauchtomaten

Zubereitung:

1. Zuerst die Bohnen waschen und halbieren. Die Zwiebeln schälen und fein hacken.
2. Gib die Bohnen in einen Siebeinsatz und lasse sie im Wasserdampf 7 Minuten garen. Anschließend herausnehmen und mit den Zwiebeln, dem Apfelessig und dem Olivenöl vermengen. Mit etwas Salz und Pfeffer würzen und abkühlen lassen.
3. Wasche die Tomaten und schneide diese klein. Den Knoblauch schälen und fein hacken.
4. Das Basilikum waschen, hacken und mit dem Knoblauch und den Tomaten vermengen. Mit etwas Salz und Pfeffer würzen und kurz ziehen lassen.
5. Vermische nun den Bohnensalat mit dem Tomatendressing. Würze nochmals mit etwas Salz und Pfeffer. Den Salat auf Tellern verteilen und genießen.

Tag 4: Sellerie-Suppe mit frischer Rote-Bete

182 kcal | 23 g Kohlenhydrate | 7 g Eiweiß | 6 g Fett

2 Port. | 10 Min. | leicht

Zutaten:

- ½ unbehandelte Zitrone
- 1 weiße Küchenzwiebel
- 300 g Pastinaken
- 300 g Rote-Bete
- 200 g Knollensellerie
- 1 EL raffiniertes Olivenöl
- 1,3 l natürliche Gemüsebrühe siehe „Basic-Rezept“
- Meersalz
- Pfeffer

Zubereitung:

1. Schäle zuerst die Zwiebel und hacke diese anschließend klein.
2. Die Rote-Bete, den Sellerie und die Pastinaken waschen und in Würfel schneiden.
3. Die Zitrone als Nächstes waschen und die Schale abreiben. Halbiere die Zitrone anschließend und presse 2 EL Zitronensaft heraus.
4. Erhitze in einem Topf das Olivenöl und dünste die Zwiebel darin glasig an. Gib die Rote-Bete, den Sellerie und die Pastinaken hinzu und lasse alles kurz andünsten.
5. Lösche das Gemüse mit der Brühe ab und koche die Suppe mit der Zitronenschale für 12 Minuten.
6. Nimm die Suppe von der Kochstelle, püriere diese fein und würze mit etwas Salz und Pfeffer nach Belieben. Die warme Suppe anschließend servieren und genießen.

Tag 5: Detox-Green-Smoothie

242 kcal | 22 g Kohlenhydrate | 5 g Eiweiß | 15 g Fett

2 Port. 10 Min. leicht

Zutaten:

- 1 EL Saft einer unbehandelten Zitrone
- 40 g zarte Haferflocken
- 300 ml Kokoswasser
- 1 Avocado
- 1 Bund Petersilie

Zubereitung:

1. Lasse die Haferflocken am Vorabend in 200 ml kaltem Wasser über Nacht im Kühlschrank einweichen.
2. Am nächsten Morgen kannst Du dann die Avocado halbieren, den Kern entfernen und das Fruchtfleisch klein schneiden.
3. Die Petersilie als Nächstes waschen und klein hacken.
4. Gib nun in einen Smoothie-Maker oder eine Küchenmaschine die Avocado, die gehackte Petersilie, die eingeweichten Haferflocken inklusive der Flüssigkeit, den Zitronensaft und das Kokoswasser. Püriere alles zu einem Saft.
5. Du kannst den Saft nun entweder in eine To-Go-Flasche füllen oder direkt genießen.

Tag 5: Möhren-Gurken-Salat

183 kcal | 9 g Kohlenhydrate | 4 g Eiweiß | 15 g Fett

2 Port. 10 Min. leicht

Zutaten:

- ½ unbehandelte Zitrone
- ½ Endiviensalat
- Meersalz
- Pfeffer
- 300 g Gurke
- 150 g Möhren
- 1 Avocado

Zubereitung:

1. Zuerst das Gemüse und Obst waschen.
2. Reibe zunächst die Schale der Zitrone ab und presse die übrige Hälfte aus. Es sollten ungefähr 3 EL Zitronensaft rauskommen.
3. Die Gurke in einem nächsten Schritt waschen, raspeln und mit 1 EL Zitronensaft vermengen. Etwas Salz darüber geben und ziehen lassen.
4. Widme Dich nun der Avocado. Halbiere diese, entferne den Stein und schneide das Fruchtfleisch in Würfel. Die übrigen 2 EL Zitronensaft darüber träufeln. Die Avocado mit der Zitronenschale vermengen.
5. Die Möhren waschen, raspeln und zusammen mit der Avocado vermengen und zu dem Gurkendressing geben. Alles mit den Gewürzen nach Belieben abschmecken.
6. Den Endiviensalat waschen, klein schneiden und in ein Schraubglas geben. Schichte nun darüber den Gurken-Möhren-Salat und fertig ist Dein perfektes basisches Mittagsgericht. Ideal zum Mitnehmen oder auch gleich genießen.

Tag 5: Basische Tomaten-Suppe mit Basilikum-Cashew-Schaum

285 kcal | 15 g Kohlenhydrate | 9 g Eiweiß | 20 g Fett

2 Port. | 20 Min. | leicht

Zutaten:

- 4 Strauchtomaten
- 1 rote Chilischote
- 1 Knoblauchzehe
- 2 EL raffiniertes Olivenöl
- 400 ml natürliche Gemüsebrühe siehe „Basic-Rezept“
- ½ Bund frisches Basilikum
- 50 g Cashew-Mus
- Meersalz
- Pfeffer

Zubereitung:

1. Wasche die Tomaten, entferne den Stielansatz und schneide sie in kleine Würfel.
2. Wasche auch die Chilischote, schneide sie der Länge nach auf und entferne die weißen Trennwände sowie die Kerne.
3. Schneide die Schote dann in feine Ringe.
4. Schäle die Knoblauchzehe und drücke sie anschließend durch die Knoblauchpresse.
5. Erhitze das Olivenöl in einem Topf und brate darin die Tomatenwürfel, den Knoblauch und die Chili-Röllchen an.
6. Lösche alles mit der Gemüsebrühe ab und lass die Suppe dann rund 10 Minuten bei mittlerer Hitzezufuhr einköcheln. Rühre gelegentlich um.
7. Nun das Basilikum waschen, trockenschütteln und die Blättchen von den Stielen zupfen. Die Blätter zusammen mit dem Cashew-Mus sowie 50 ml Wasser in ein hohes Rührgefäß geben und mit dem Pürierstab schön aufschäumen.
8. Schmecke die Tomatensuppe am Ende mit Meersalz und Pfeffer ab. Richte sie in Schüsseln an und gib den Basilikum-Cashew-Schaum darüber.

Tag 6: Smoothie-Allerlei

222 kcal | 43 g Kohlenhydrate | 6 g Eiweiß | 2 g Fett

2 Port. 5 Min. leicht

Zutaten:

- 500 ml Tomatensaft
- 20 g zarte Haferflocken
- 20 g Hirseflocken
- 1 Banane
- 2 TL Rosinen
- 1 Birne
- 100 ml Wasser

Zubereitung:

1. Diesen Smoothie bereitest Du am besten am Vorabend zu.
2. Gib die Getreideflocken mit 100 ml kaltem Wasser und den Rosinen in eine Schüssel. Lasse diese über Nacht im Kühlschrank quellen.
3. Am nächsten Tag kannst Du die Banane schälen und klein schneiden.
4. Die Birne als nächstes waschen, halbieren, entkernen und klein schneiden.
5. Gib nun die Banane zusammen mit der Birne, den Getreideflocken, den Rosinen und dem Tomatensaft in einen Mixer. Püriere alles zu einem Smoothie.
6. Fülle Deinen Saft in eine To-Go-Flasche oder genieße den Smoothie sofort.

Hinweis:

Zusätzlicher Zeitaufwand: Die Getreideflocken-Mischung sollte eine Nacht im Kühlschrank quellen.

Tag 6: Wärmender Zucchini-Birnen-Salat

465 kcal | 27 g Kohlenhydrate | 6 g Eiweiß | 35 g Fett

2 Port. | 40 Min. | leicht

Zutaten für den Salat:

- 2 süße große Birnen
- 2 mittelgroße Zucchini
- 1 große Küchenzwiebel (rot)
- 1 Frühlingszwiebel
- 1 EL Koriandersamen

Zutaten für das Dressing:

- 2 unbehandelte Zitronen
- 3 EL Olivenöl extra nativ
- 1 EL raffiniertes Olivenöl
- 2 EL Dattelpaste siehe „Basic Rezept"
- 2 EL Wasser
- Meersalz
- Pfeffer

Zubereitung:

1. Wasche die beiden Birnen, entferne das Kerngehäuse und schneide die Früchte in Streifen.
2. Auch die Zucchini schälen, waschen und das Fruchtfleisch in dünne Scheiben schneiden.
3. Schäle die Küchenzwiebel, halbiere sie und schneide sie in feine Streifen.
4. Auch die Frühlingszwiebel putzen, waschen und in feine Röllchen schneiden.
5. Zermahle die Koriandersamen in einem Mörser zu einem feinen Pulver.
6. Presse nun für das Salatdressing zunächst einmal die Zitronen aus. Vermische dann den Zitronensaft mit dem extra nativen Olivenöl, der Dattelpaste, 2 EL Wasser sowie einer Prise Salz und Pfeffer. Stelle das Dressing anschließend kurz zur Seite.
7. Nun in einer Pfanne mit 1 EL raffiniertes Olivenöl die Zwiebelringe, die Birnen-Streifen und die Zucchini-Scheiben kurz anbraten.
8. Füge das Korianderpulver hinzu und schmecke nach Deinem Geschmack mit Salz und Pfeffer ab.
9. Fülle das Gemüse in eine Salatschüssel und gib das Dressing darüber.
10. Alles schön anrichten und mit den Frühlingszwiebel-Röllchen garnieren.

Tag 6: Schnelle Kohlrabi-Suppe

90 kcal | 11 g Kohlenhydrate | 5 g Eiweiß | 3 g Fett

2 Port. 10 Min. leicht

Zutaten:

- 250 g Kohlrabi – geschält und fein gewürfelt
- 1 festkochende Kartoffel
- ½ Küchenzwiebel
- 1 EL raffiniertes Olivenöl
- 300 ml natürliche Gemüsebrühe siehe „Basic-Rezept"
- 50 ml ungesüßter Sojadrink
- Meersalz
- Pfeffer
- 2 EL frische Gartenkresse

Zubereitung:

1. Schäle die Kartoffel, würfele sie und koche sie in Salzwasser schön gar.
2. Schäle nun die Küchenzwiebel und hacke sie ganz fein.
3. Erhitze das Olivenöl in einem Topf und röste erst die Zwiebeln, dann die Kohlrabi- sowie die Kartoffelwürfel an.
4. Lösche alles mit der Gemüsebrühe ab und lass die Suppe bei schwacher Hitzezufuhr 8 bis 10 Minuten weiterköcheln.
5. Püriere anschließend die Suppe mit dem Stabmixer und gieße den Sojadrink hinzu.
6. Nach eigenem Geschmack das Gericht mit Meersalz und Pfeffer abschmecken und mit der frischen Gartenkresse garnieren.

Tag 7: Sommer-Smoothie mit Melone & Aprikose

253 kcal | 50 g Kohlenhydrate | 6 g Eiweiß | 2 g Fett

2 Port. | 10 Min. | leicht

Zutaten:

- 100 g Erdbeeren
- 2 getrocknete Softaprikosen
- 200 g Aprikosen
- 40 g zarte Haferflocken
- 500 g Wassermelone
- 100 ml Wasser

Zubereitung:

1. Am Vorabend die Softaprikosen als Erstes klein schneiden. Gib nun die Softaprikosen mit den Haferflocken und 100 ml kaltem Wasser in eine Schüssel und lasse sie über Nacht quellen.
2. Halbiere am nächsten Tag die Wassermelone, entferne die Kerne und schneide das Fruchtfleisch klein. Wasche die Aprikosen und die Erdbeeren und schneide diese ebenfalls klein.
3. Gib nun die eingeweichten Haferflocken, mit den Softaprikosen, der Einweichflüssigkeit, der Wassermelone, den Erdbeeren und den Aprikosen in einen Mixer. Püriere alles zu einem feinen Saft.
4. Den Saft gleich genießen oder in einer Flasche mitnehmen.

Hinweis:

Zusätzlicher Zeitaufwand: Die Haferflockenmischung sollte eine Nacht im Kühlschrank quellen.

Tag 7: Basisch-bunter Grill-Gemüse-Salat

274 kcal | 16 g Kohlenhydrate | 7 g Eiweiß | 19 g Fett

4 Port. 20 Min. leicht

Zutaten:

- 250 g rote Paprika
- 250 g grüne Paprika
- 250 g gelbe Zucchini
- 1 Zwiebel
- 2 Auberginen
- 150 g Champignons
- 2 EL raffiniertes Olivenöl
- 2 EL Olivenöl extra nativ
- 150 g gemischter Blattsalat
- 100 g entsteinte, schwarze Oliven
- 2 EL naturtrüber Apfelessig
- 1 EL gehackter Oregano

Zubereitung:

1. Heize Deinen Grill vor.
2. Schneide die Paprika in Streifen, die Zucchini in Scheiben und die Auberginen der Länge nach in Scheiben schneiden. Nun die Champignons in Scheiben und die Zwiebeln in Spalten schneiden.
3. Beträufele die Paprika, die Auberginen, die Zwiebel, die Zucchini und die Champignons mit 2 EL raffiniertem Olivenöl und grille sie anschließend bis zum gewünschten Bräunungsgrad.
4. In der Zwischenzeit den gemischten Blattsalat auf Tellern anrichten.
5. Die Oliven, den Oregano und den naturtrüben Apfelessig miteinander vermischen. Die 2 EL Olivenöl extra nativ hinzugeben und dieses Dressing mit Grillgemüse vermengen.
6. Alle Salatzutaten gut miteinander verrühren und auf Tellern über dem Blattsalat anrichten.

Tag 7: Vitalstoffreiche Minestrone

201 kcal | 27 g Kohlenhydrate | 8 g Eiweiß | 6 g Fett

2 Port. | 20 Min. | leicht

Zutaten:

- 200 g Kartoffeln
- 150 g Möhren
- 150 g grüne TK-Bohnen
- 200 g Lauch
- 4 geschälte Tomaten aus der Dose
- 1 EL raffiniertes Olivenöl
- 1,2 l natürliche Gemüsebrühe siehe „Basic-Rezept“
- Meersalz
- Pfeffer

Zubereitung:

1. Schäle die Kartoffeln und schneide sie in kleine Stückchen.
2. Auch die Möhren schälen und in kleine Scheiben schneiden.
3. Die grünen Bohnen in kleine Stücke schneiden.
4. Den Lauch putzen, waschen und in feine Ringe schneiden.
5. Nun noch die Tomaten kleinschneiden.
6. Erhitze das Olivenöl in einem Topf und brate darin die Kartoffeln unter stetigem Rühren an. Würze diese mit einer kleinen Prise Meersalz.
7. Lösche alles mit der Gemüsebrühe ab und lass die Suppe einmal aufkochen.
8. Gib nun die Möhren und die grünen Bohnen hinzu und lass die Suppe zugedeckt 7 Minuten köcheln.
9. Mische zum Schluss die Tomaten und die Lauch-Ringe unter und koche die Suppe noch 5 Minuten weiter. Mit Pfeffer und eventuell Salz abschmecken.

Potential Renal Acid Load (PRAL) - Tabelle

Die „Potenzielle Nierensäurebelastung" (PRAL) von „Remer und Manz von der Zeitschrift des amerikanischen Diätverbandes" kann für jedes Nahrungsmittel berechnet werden. Dabei wird sie nach ihrer Fähigkeit, Säuren oder Basen an den Kreislauf abzugeben, kategorisiert.

Die PRAL-Werte geben den Grad der Säurebelastung an:

- Ein Minuswert ist ein basisch verstoffwechseltes Nahrungsmittel.
- Ein Pluswert ist ein sauer verstoffwechseltes Nahrungsmittel.
- Ein hoher negativer Wert bedeutet, dass das Lebensmittel sehr basisch ist.
- Umgekehrt bedeutet ein hoher positiver Wert bei einem Lebensmittel, dass dieses stark säuernd ist.

Im Allgemeinen haben Lebensmittel wie Fleisch, Eier, Käse und Vollkornprodukte einen positiven PRAL-Wert, während Obst und Gemüse einen negativen PRAL-Wert haben. Der PRAL-Wert von Milch gilt als neutral, gleiches gilt für Fette und Zucker, welche einen geringen Einfluss auf den Säure-Basen-Haushalt haben. Die Kategorisierung von Nahrungsmitteln durch die PRAL-Werte ist äußerst effektiv und ersetzt damit die reine Bewertung anhand von pH-Werten. Ein optimaler Säure-Basen-Haushalt besteht aus 70-80 % basenbildenden und 20-30 % säurebildenden Nahrungsmitteln.

Alle Werte weisen eine geschätzte Säurebelastung von verzehrten Nahrungsmitteln und Getränken auf 100 g mEq = physikalisch-chemische Stoffmengeneinheit aus.

PRAL-Werte Getreideprodukte

Lebensmittel	Wert
Amaranth, Samen	7,5
Buchweizen	3,7
Cornflakes	6,0
Dinkel	8,8
Eiernudeln	6,4
Gerste	5,0
Grahambrot	7,2
Grünkern	8,8
Haferflocken	10,7
Hirse	8,6
Mais	3,8
Makkaroni	6,1
Parboiled-Reis	1,7
Pumpernickel	4,2
Reis, geschält	4,6
Reis, ungeschält	12,5
Roggenbrot	4,1
Roggenknäckebrot	3,3
Roggenmehl	4,4
Roggenmischbrot	4,0
Roggenvollkornmehl	5,9
Spaghetti	6,5
Spätzle	9,4
Vollkornbrot	5,3
Vollkornspaghetti	7,3
Weißbrot	3,7
Weizenbrot	1,8
Weizenmehl	6,9
Weizenmischbrot	3,8
Weizenvollkornmehl	8,2
Zwieback	5,9

PRAL-Werte Gemüse

Lebensmittel	Wert
Auberginen	-3,4
Blumenkohl	-4,0
Broccoli	-1,2
Chicorée	-2,0
Eisbergsalat	-1,6
Essiggurken	-1,6
Feldsalat	-5,0
Fenchel	-7,9
Grünkohl	-7,8
Gurken	-0,8
Karotten	-4,9
Kartoffeln	-4,0
Kohlrabi	-5,5
Kopfsalat	-2,5
Lauch	-1,8
Nüsslisalat	-5,0
Paprikaschoten	-1,4
Pilze	-1,4
Radieschen	-3,7
Rosenkohl	-4,5
Rucola	-7,5
Sauerkraut	-3,0
Sellerie	-5,2
Sojabohnen, Samen	-3,4
Sojamilch	-0,8
Spargel	-0,4
Spinat	-14,0
Tofu	-0,8
Tomaten	-3,1
Tomatensaft	-2,8
Zucchini	-4,6
Zwiebeln	-1,5

PRAL-Werte Obst

Lebensmittel	Wert
Ananas	-2,7
Apfel mit Schale	-2,2
Aprikosen	-4,8
Bananen	-5,5
Birnen mit Schale	-2,9
Erdbeeren	-2,2
Feigen, getrocknet	-18,1
Grapefruit	-3,5
Kirschen	-3,6
Kiwi	-4,1
Mango	-3,3
Orangen	-2,7
Pfirsiche	-2,4
Rosinen	-21
Schwarze Johannisbeere	-6,5
Wassermelonen	-1,9
Weintrauben	-3,9
Zitronen	-2,6

PRAL-Werte Hülsenfrüchte

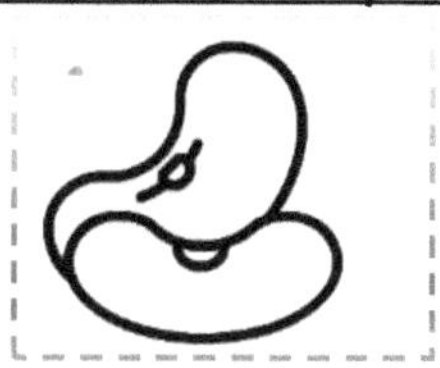

Lebensmittel	Wert
Bohnen, grün	**-3,1**
Erbsen	1,2
Linsen	3,5

PRAL-Werte Nüssen

Lebensmittel	Wert
Erdnüsse	8,3
Haselnüsse	**-2,8**
Mandeln	4,3
Pistazien	8,5
Walnüsse	6,8

PRAL-Werte Getränke

Lebensmittel	Wert
Apfelsaft, ungesüßt	**-2,2**
Bier, dunkel	**-0,1**
Bier, hell	0,9
Bier, Pilsener	**-0,2**
Cola	0,4
Espresso	**-2,3**
Früchte-, Grüner Tee	**-0,3**
Grapefruitsaft, ungesüßt	**-1,0**
Kaffee	**-1,4**
Kräutertee	**-0,2**
Mineralwasser	**-1,8**
Möhrensaft	**-4,8**
Orangensaft, ungesüßt	**-2,9**
Rote-Rübe-Saft	**-3,9**
Rotwein	**-2,4**
Tomatensaft	**-2,8**
Traubensaft, ungesüßt	**-1,0**
Weißwein, trocken	**-1,2**
Zitronensaft	**-2,5**

PRAL-Werte Fische & Meeresfrüchte

Lebensmittel	**Wert**
Aal	11,0
Forelle	10,8
Garnele	18,2
Heilbutt	7,8
Hering	7,0
Kabeljaufilet	7,1
Karpfen	7,9
Krabben	15,5
Lachs	9,4
Matjeshering	8,0
Miesmuscheln	15,3
Rotbarsch	10,0
Sardinen in Öl	13,5
Schellfisch	6,8
Seezunge	7,4
Shrimps	7,6
Zander	7,1

PRAL-Werte Fleisch & Wurst

Lebensmittel	Wert
Bierschinken	8,3
Cervelat	8,9
Corned Beef, in Dosen	13,2
Ente, mit Fett und Haut	4,1
Ente, reines Muskelfleisch	8,4
Fleischwurst	7,0
Frankfurter	6,7
Frühstücksfleisch, in Dose	10,2
Gans, reines Muskelfleisch	13,0
Hühnerfleisch	8,7
Jagdwurst	7,2
Kalbfleisch	9,0
Kaninchen	19,0
Lammfleisch, mager	7,6
Leber, Kalb	14,2
Leber, Rind	15,4
Leber, Schwein	15,7
Leberwurst	10,6
Rindfleisch, mager	7,8
Rumpsteak, mager	8,8
Salami	11,6
Schweinefleisch, mager	7,9
Truthahnfleisch	9,9
Wienerwürstchen	7,7

PRAL-Werte Süßigkeiten

Lebensmittel	Wert
Bitterschokolade	0,4
Eis, Fruchteis	**-0,6**
Eis, Milcheis	0,6
Honig	**-0,3**
Konfitüre	**-1,5**
Marmelade	**-1,5**
Milchschokolade	2,4
Nussnugatcreme	**-1,4**
Rohrzucker, braun	**-1,2**
Sandkuchen	3,7
Zucker, weiß	**-0,1**

PRAL-Werte Milchprodukte & Eier

Lebensmittel	Wert
Buttermilch	0,5
Camembert	14,6
Cheddar	26,4
Edamer	19,4
Eigelb	19,4
Eiweiß	23,4
Emmentaler	21,1
Frischkäse	0,9
Fruchtjoghurt	1,2
Ghee	***0***
Gouda	18,6
Hartkäse	19,2
Hühnerei	8,2
Hüttenkäse, Vollfett	8,7
Kakaomilch, 3,5% Fett	**-0,4**
Kefir	***0***
Kondensmilch	1,1
Kuhmilch 1,5% Fett	0,7
Milcheis, Vanille	0,6
Molke	**-1,6**
Naturjoghurt	1,5
Parmesan	34,2
Quark	11,1
Sahne, frisch, sauer	1,2
Schlagsahne	***0***
Schmelzkäse, Natur	28,7
Vollfettstufe	8,7
Weichkäse, Vollfett	4,3

PRAL-Werte Fette & Öle

Lebensmittel	Wert
Sonnenblumenöl	***0***
Olivenöl	***0***
Margarine	**-0,5**
Butter	0,6

PRAL-Werte Kräuter & Essig

Lebensmittel	Wert
Apfelessig	**-2,3**
Basilikum	**-7,3**
Petersilie	**-12,0**
Schnittlauch	**-5,3**

Buchempfehlung zum Thema Ernährung

Du kannst nicht genug von einer gesunden und ausgewogenen Ernährung bekommen und möchtest Deiner Familie auch etwas Gutes tun?

Dann ist das Buch „**Zuckerfreie Ernährung für Familien**" genau das Richtige für Dich!

Sebastian Pussack vermittelt in seinem Ratgeber „Zuckerfreie Ernährung für Familien" ein fundiertes Basiswissen zum Thema einer leckeren und zuckerfreien Ernährung für die ganze Familie. **130 geschmackvolle, alltagstaugliche und zuckerfreie Rezepte** helfen Dir dabei, Dich gesünder zu ernähren und Dich vor Krankheiten durch übermäßigen Zuckerkonsum zu schützen.

Dieses Buch ist nicht nur für Familien, sondern auch für Einsteiger oder für größere Haushalte geeignet.

Eine zuckerfreie Ernährung lässt sich unkompliziert im Alltag umsetzen und macht dabei nicht nur richtig viel Spaß, sondern schmeckt auch Groß und Klein.

Starte mit deiner zuckerfreien Ernährung zu mehr Geschmack und Gesundheit im Leben!

Bei bekannten Online-Buchhändlern als Taschenbuch und E-Book erhältlich:

Suchbegriff:

Zuckerfreie Ernährung für Familien

Der Ratgeber mit 130 einfachen, gesunden & leckeren Rezepten

Impressum & weitere Informationen

Eine Veröffentlichung der EK-2 Publishing GmbH

Friedensstraße 12

47228 Duisburg

Registergericht: Duisburg

Handelsregisternummer: HRB 30321

Geschäftsführerin: Monika Münstermann

E-Mail: info@ek2-publishing.com

Website: www.ek2-publishing.de

Fotos: Deposit Photos, iStock, Pexels & Pixabay

Haftungssauschluss & Urheberrecht

FSC
www.fsc.org
MIX
Papier | Fördert gute Waldnutzung
FSC® C083411

Zeitfracht Medien GmbH
Ferdinand-Jühlke-Straße 7
99095 Erfurt, Deutschland
produktsicherheit@kolibri360.de